高质量发展下东莞产业园
设计研究与实践

DESIGN RESEARCH AND PRACTICE OF DONGGUAN
INDUSTRIAL PARK UNDER HIGH QUALITY DEVELOPMENT

汤冰　黄旺　邓子良　著

深圳华创联合设计有限公司　组织编写

中山大學出版社
SUN YAT-SEN UNIVERSITY PRESS
·广州·

图书在版编目（CIP）数据

高质量发展下东莞产业园设计研究与实践 / 汤冰，黄旺，邓子良著；深圳华创联合设计有限公司组织编写. —广州：中山大学出版社，2024.4
ISBN 978 - 7 - 306 - 08066 - 0

Ⅰ．①高… Ⅱ．①汤… ②黄… ③邓… ④深… Ⅲ．①工业园区—经济发展—研究—东莞 Ⅳ．① F427.653

中国国家版本馆 CIP 数据核字（2024）第 062331 号

GAO ZHILIANG FAZHAN XIA DONGGUAN CHANYEYUAN SHEJI YANJIU YU SHIJIAN

出 版 人：王天琪
策划编辑：杨文泉
责任编辑：杨文泉
封面设计：曾　斌
责任校对：廖翠舒
责任技编：靳晓虹
出版发行：中山大学出版社
电　　话：编辑部 020-84110283，84113349，84111946，84110779
　　　　　发行部 020-84111998，84111981，84111160
地　　址：广州市新港西路 135 号
邮　　编：510275　　传　　真：020-84036565
网　　址：http：//www.zsup.com.cn　E-mail：zdcbs@mail.sysu.edu.cn
印 刷 者：佛山市浩文彩色印刷有限公司
规　　格：787mm×1092mm　1/16　14.5 印张　214 千字
版次印次：2024 年 4 月第 1 版　2024 年 4 月第 1 次印刷
定　　价：98.00 元

作者简介

汤冰，深圳华创联合设计有限公司（以下简称"华创联合"）执行董事、联合创始人，国家一级注册建筑师，从事建筑设计研究与实践20余年，专注于产业及教育建筑设计，在大湾区拥有大量设计实践案例。

黄旺，2014年毕业于大连大学建筑学专业，华创联合方案部负责人，长期从事产业园策划研究、整体规划方案设计，并通过工作实践在产业园策划定位及方案设计方面积累了丰富的经验。

邓子良，2007年毕业于华北水利水电大学，一级注册结构工程师，华创联合结构所负责人，长期从事产业园结构设计实践工作，对产业园结构设计有丰富的经验。

华创联合，是一家专注于理性研究、执着于精工设计的机构，是一家以设计为龙头，以提供专业、高效、优质服务为导向的机构。华创联合深耕东莞市场，近年来参与了东莞市几百项建筑和规划设计项目，已建成的项目涵盖新型工业园区、文化教育、商业、居住、城市更新等不同类型。目前，华创联合的核心团队共200多人。华创联合始终注重设计团队的建设及发展，未来将继续吸引更多优秀人才。

华创联合的核心理念：

——尊重现有城市空间肌理，恰如其分地表达建筑本质；

——整合复杂环境里的潜在空间，寻找建筑实用性与美学的最优结合点。

华创联合的历史使命：

——致力于以广阔美学视角，结合建筑特定功能，解读建筑本质内涵；

——致力于探索建筑、人、环境的和谐共生。

为了响应东莞市近期提出的大力发展现代化产业园的号召，华创联合与深圳市金地房地产项目管理有限公司及东莞伙伴产业发展有限公司共同达成广东区域产业类项目之战略合作伙伴关系，同时，成立产业研究中心及项目报批报审服务中心。这主要是基于客户在产业投资开发过程中的痛点，尤其是资金、招商运营、报批报审三大痛点，试图在专注于建筑设计的同时，联合多方力量，从整个产业服务链为客户提供全方位服务，最终希望能为东莞的高质量产业园建设，为东莞的高质量经济发展贡献自身力量。

序

探寻春天的踪迹，跟上时代发展的步伐

这是一个伟大的时代，从 20 世纪 70 年代末开始，改革开放的春风吹遍了祖国大地，带来了产业的蓬勃发展，也带动了城镇化水平的显著提高。40 多年来，我国的产业发展从代工到自主研发、从贴牌到创办自有品牌，历经了起步、快速发展、腾飞到如今的高质量发展阶段。产业园的发展也经历了从仅能满足生产需求的 1.0 代产业园到今天的智能智慧化产业园、产业社区等。产业的功能、设计、建设等需求更加综合。产业除了要满足现代产业发展的需求之外，也将生产空间与生活空间融合得更加紧密。产业园区的发展建设也要追求自然和谐、产业与社会共同进步的可持续性，在关注产业与经济发展的同时更加关注人的需求。

如今，40 多年经济快速发展所促进的快速城市化已进入新的阶段。发展的视线再次聚焦产业，各地招商热情高涨，产业发展的竞争更显激烈。在此背景下，企业即资源，优质的企业即优质的资源。实现科技创新、形成优势产业及产业链是企业非常重要的竞争手段。

迈克尔·波特在《国家竞争优势》一书中指出，由生产要素、需求条件、相关产业及支持性产业、企业战略结构、同业竞争等关键因素所组成的钻石体系对竞争优势的建立至关重要。产业园正是各要素中位列第一的生产要素，生产要素包括人工素质和基础设施等，这正是产业园所需要承载和解决的问题。

面向产业竞争，劳动力及土地已不再是吸引企业进驻的最重要优势，如何在新一轮竞争中构建具备竞争力的生产要素，以吸引优质企业进驻，是当下各地高质量产业发展中需重点深思的问题。

看到这本书，就像看到了暗夜中的点点星光。东莞，是我国改革开放以来产业发展及产业园区建设的典型代表。东莞的产业发展历程及产业园发展建设阶段，与我国的产业发展历程基本吻合。从 1979 年第一个企业太平手袋厂建立至今，东莞经历了"三来一补"、快速发展、转型升级到如今的高质量及产业创新发展阶段。园区建设也从村办工厂、镇主导到如今的市镇共同发展建设阶段，有了以松山湖为代表的现代化产业园区。同时，东莞目前也面临土地成本日益提升、产业及园区需要转型升级的问题。如何在新的产业发展阶段，建设更符合现代产业发展的生产要素，以此来吸引优质产业或企业落户东莞，是东莞提升自身区域竞争力的关键。

本书系统地阐释了东莞产业及产业园的发展历程，分析了产业园发展的趋势和要求，并在产业园区建筑设计技术方面给予合理建议。本书融合了产业园规划及产业建筑设计的内容，以规划为指引，以设计支持落地，为未来产业园规划、设计提供借鉴和参考，兼具学术性、技术性及落地性，值得一读。

近日，重读迈克尔·波特的竞争三部曲，感触颇深，经济发展的规律、产业发展的核心要素万变不离其宗。从工业革命至今，从蒸汽机到人工智能，产业的集聚与发展、企业的诉求与落地原则宗旨不变，而我们要做的是促进和落实。本书则为促进与落实的工具。

值此时代，道与术、战略与战术互相融合、默契配合才能源远流长、绿色持续。以此为本书序，以此自勉。

东莞正汇投资集团有限公司董事长　潘继军

前　言

　　制造业是我国的经济命脉，是立国之本、强国之基。高质量发展是我国经济发展到一定阶段的必然要求和趋势，高质量发展也对我国产业发展提出更高的要求，产业园的规划、设计及建设应同步提升，以适应高质量产业发展需求。因此，如何适应高质量产业发展需求，成为从事产业园规划、设计及建设等相关行业者需要思考的问题。

　　东莞是我国的"国际制造名城"，是广东制造业高质量发展的"战略支点"。2022 年，东莞迈入"双万城市"（人口超过千万，GDP 超过万亿元）。产业园是制造业的重要载体，对东莞产业园规划、设计方面的研究，不仅能助力东莞的产业高质量发展，也能为国内其他产业发展区域提供借鉴和参考。

　　本书作者在东莞及其他地区从事过多项产业园的建筑设计和规划设计。

　　本书共分为五章。第一章从东莞产业发展的历史说起，梳理东莞产业发展的脉络，研究东莞产业发展历史中的产业园发展演变过程及动力溯源；第二章基于高质量发展要求和市场需求两个维度，分析新形势下高质量产业对产业园功能及空间的相关要求，进而归纳总结适合现代产业发展的产业园规划、设计及产业建筑应关注的重点和要素；第三章是基于产业（园）发展脉络、高质量发展要求和市场需求两个维度的研究，以及作者结合大量的实践经验，从建筑六大专业研究分析产业园空间的最优选择；第四章面向未来的产业类型和与之相适应的产业园及建筑，面对其在空间布局、产业空间、建筑形态、交通组织、生态环境、人际

1

交往空间等方面发生的较大变化，提出相应的应对策略；第五章是基于上述四章的研究，对设计全过程服务进行总结，同时通过四个典范性的、已实施的产业园案例讲解，从实践上论证上述研究。

本书采用市场调研分析、理论与实践相结合等多种研究方法，试图向读者阐述和展示高质量发展下的产业园设计及建设优化路径。

本书是一本不可多得的产业园规划设计实战性指导书籍，也是一本从规划、设计等多个角度研究促进产业园高质量建设的书籍。

本书是一线设计行业工作者的呕心力作，不仅归纳总结了多年来产业园规划、设计的经验和教训，同时也融合了建筑师、规划师、产业经济师、建造师等多行业专家的智慧。

目 录

第1章　东莞产业发展历程及空间演变 ……………………… 1

1.1 东莞产业的起步阶段（1978—1992 年）……………… 2

　　1.1.1 "三来一补"发展模式，产业发展开始 …………… 2

　　1.1.2 村级主导，空间布局零散 ……………………… 3

　　1.1.3 "村主导"阶段：规划设计欠缺，以满足基本生产

　　　　　为主 ………………………………………… 4

1.2 东莞产业的快速发展阶段（1993—2001 年）………… 5

　　1.2.1 产业快速发展，谋划产业升级 ………………… 5

　　1.2.2 产业结构初步形成 ……………………………… 5

　　1.2.3 "镇主导"阶段：镇级产业园出现，空间布局较为

　　　　　分散 ………………………………………… 9

1.3 东莞产业的转型及腾飞阶段（2002—2014 年）……… 11

　　1.3.1 产业结构转型优化，产业发展腾飞 …………… 11

　　1.3.2 产业结构形成五大支柱及四大特色产业 ……… 11

　　1.3.3 东莞市主导的第三代产业园及新城大规模建设 ……… 12

1.4 东莞产业的创新及高质量发展阶段（2015 年后）…… 14

　　1.4.1 逐步实现"制造"向"智造"转变，迈入创新驱动

　　　　　新阶段 ……………………………………… 14

　　1.4.2 产业结构再次升级，产业体系更加完善 ……… 17

　　1.4.3 市镇统筹、三级管理的综合性现代化产业园 ……… 18

1.4.4 土地资源紧缺，产业用地集约高效 …………… 20

第2章 高质量发展下东莞产业园空间需求 ………… 21

2.1 高质量发展下的产业发展要求 ………… 21

2.2 未来东莞主导产业类型 ………… 22

2.3 产业空间规划及设计需求分析 ………… 23

2.3.1 产业空间规划及设计趋势分析 ………… 23

2.3.2 产业空间规划设计需考虑的各项要素 ………… 25

2.4 产业建筑需求及分析 ………… 28

2.4.1 建筑平面研究与分析 ………… 30

2.4.2 建筑层高研究与分析 ………… 47

2.4.3 建筑承重研究与分析 ………… 52

2.4.4 建筑柱跨研究与分析 ………… 56

第3章 高质量发展下东莞产业园设计研究 ………… 60

3.1 规划专业篇 ………… 61

3.1.1 区位研判 ………… 61

3.1.2 功能分区 ………… 62

3.1.3 空间布局 ………… 63

3.1.4 内部交通组织 ………… 66

3.1.5 建筑形象 ………… 73

3.1.6 景观设计 ………… 74

3.1.7 智慧园区 ………… 76

3.2 建筑专业篇 ………… 81

3.2.1 地下室部分 ………… 81

3.2.2 外墙及外墙面做法 ………… 93

3.2.3 室内做法 ………… 102

3.2.4 屋面做法 ………… 109

3.2.5 绿色节能 ……………………………………… 113

3.3 结构专业篇 …………………………………… 115

3.3.1 产业园的结构选型 ……………………………… 115

3.3.2 楼盖不同结构布置 ……………………………… 119

3.3.3 不同跨度厂房的经济性对比 …………………… 123

3.3.4 楼面活荷载与混凝土、钢筋用量的关系分析 … 126

3.3.5 首层地面结构做法的经济性分析及设计原则 … 128

3.3.6 高层工业建筑的基础选型 ……………………… 129

3.3.7 高强钢筋 HRB500 在高层工业建筑的应用分析 … 131

3.3.8 高层工业建筑长度超规范要求时的处理措施 … 134

3.3.9 防微振设计 ……………………………………… 136

3.4 给排水专业篇 ………………………………… 138

3.4.1 消防给水系统 …………………………………… 139

3.4.2 产业园给水系统 ………………………………… 146

3.4.3 海绵城市 ………………………………………… 149

3.4.4 水质标准和防水质污染 ………………………… 152

3.4.5 总图 ……………………………………………… 152

3.5 电气专业篇 …………………………………… 154

3.5.1 供配电系统 ……………………………………… 154

3.5.2 应急、消防电源系统 …………………………… 156

3.5.3 分布式光伏发电系统 …………………………… 158

3.5.4 充电桩 …………………………………………… 159

3.5.5 产业园配套建筑安装措施 ……………………… 160

3.5.6 工业厂房配电 …………………………………… 165

3.6 暖通专业篇 …………………………………… 165

3.6.1 建筑防排烟 ……………………………………… 166

3.6.2 工业通风 ………………………………………… 169

3.6.3 空调系统设计 …………………………………… 170

3.6.4 关于产业园空调设计的构想 ·················· 172

第 4 章　面对未来东莞产业园的设计策略 ·················· 174

4.1 绿色低碳 ·················· 174

　　4.1.1 利用当地地域气候特征 ·················· 175

　　4.1.2 融入区域生态廊道及格局 ·················· 175

　　4.1.3 发挥建筑空间节能策略 ·················· 175

　　4.1.4 合理规划园区各项系统 ·················· 176

4.2 智慧智能 ·················· 176

4.3 集约高效 ·················· 177

　　4.3.1 用地高效 ·················· 177

　　4.3.2 发展高效 ·················· 178

　　4.3.3 成本高效 ·················· 178

4.4 复合立体 ·················· 179

4.5 可持续发展 ·················· 180

　　4.5.1 合理高效利用土地资源 ·················· 180

　　4.5.2 注重产业结构优化及调整 ·················· 180

　　4.5.3 产业空间的灵活及"永续"性 ·················· 181

　　4.5.4 提高和改善环境质量 ·················· 181

　　4.5.5 实现人地和谐，实现绿色健康发展 ·················· 181

4.6 "三生融合" ·················· 182

　　4.6.1 强化园区顶层设计和创新支持 ·················· 182

　　4.6.2 注重产业发展和产业需求 ·················· 182

　　4.6.3 集中建设公共服务设施，实现园区共享 ·················· 183

　　4.6.4 注重生态体系和环境建设 ·················· 183

　　4.6.5 产业建筑的"三生融合" ·················· 184

第 5 章　华创联合产业园设计实践 ·················· 185

5.1 设计全过程服务总结 ·················· 185

5.1.1 建筑设计流程 ·················· 185

5.1.2 前期策划阶段 ·················· 185

5.1.3 中期设计阶段 ·················· 187

5.1.4 后期跟踪配合阶段 ·················· 188

5.2 产业园代表性实践案例 ·················· 189

5.2.1 综合型产业园典范：东莞东实·道滘数智产业园 ··· 189

5.2.2 现代化产业园典范：东莞高埗低涌社区产业园 ····· 195

5.2.3 专业型产业园典型：东莞松山湖生物技术产业园 ··· 203

5.2.4 经济型产业园典范：惠州万业中试育成产业园 ····· 208

后 记·················· 214

东莞产业发展历程及空间演变

20世纪80年代，全球进入产业专业化的第三个阶段，当时的亚洲"四小龙"以及美、欧、日等发达国家和地区将劳动密集型的低端产业向中国沿海及其他发展中国家和地区转移，在这个阶段中国迎来了外向型产业发展的第一波浪潮。以东莞为代表的珠三角走在了全国前列。

1978年，中国第一家来料工厂——太平手袋厂在东莞虎门成立，标志着东莞外资经济的正式起步，拉开了东莞产业经济发展的大幕，也是产业发展东莞模式的起始。

经过40多年的发展，东莞从最初的"三来一补"加工模式发展到如今的创新型产业经济模式，工业生产总值从1978年的6.11亿元上升到2022年的1.12万亿元，东莞GDP增长了1700多倍，工业增加值增长了2300多倍，进出口贸易额高达2000亿美元。东莞的主要产业类型也从最初的食品、机械、化学、建筑材料工业等产业，发展成为以电子信息制造业、电器机械及设备制造、纺织服装、食品饮料等产业为主导的集群化产业。东莞已通过其优秀的加工技术、对外贸易发展成为全球产业分工的代表及重要一环，在我国的产业发展中地位卓越，其重要性不可忽视。

在东莞市产业发展的过程中，经历了产业发展的起步、腾飞、升级、转型四个阶段，且在这四个阶段中产业空间的发展布局也发生了巨大的变迁，产业发展空间经历了"村主导—镇主导—市主导—市镇联合"的空间主导发展过程。产业空间呈现出多形态的工业用地聚集，既有最初阶段各村散布形态，也有镇级工业园区形态，同时市级产业园从松山湖产业园开始，逐步增多。发展至今天，东莞的工业及仓储用地占建设用地的比例高达40%，产业用地日益紧缺，工业上楼成为趋势（见图1-1）。

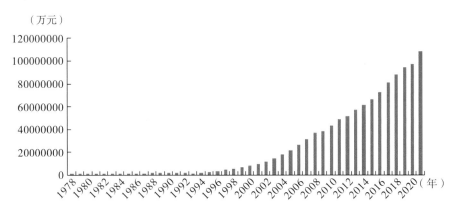

图1-1　东莞市1978—2021年工业生产总值情况

数据来源：《东莞统计年鉴2022》。

1.1 东莞产业的起步阶段（1978—1992年）

1.1.1 "三来一补"发展模式，产业发展开始

1978年7月，国务院颁发了《开展对外加工装配业务试行办法》，中共广东省委率先做出发展来料加工的决定。东莞抓住这一机遇，利用其毗邻港澳的地缘优势，以及港澳华侨同胞较多的人地优势，开始引资振兴地方经济的工作。同年7月，香港信孚手袋制品公司选择在东莞虎门镇（当时为太平公社）成立太平手袋厂，中国第一家"三来一补"企业由此成立，这不仅拉开了中国外贸经济的帷幕，也掀起了东莞产业发展的大幕。

1978—1992年，东莞产业主要是以来料加工、来样加工、来件装配和补偿贸易为主的产业发展模式，即"三来一补"模式。该阶段，东莞的主导产业从1978年的以食品加工制造、工艺美术品制造为主逐渐发展成为以食品、饮料、纺织、皮革、文体用品、工艺美术品加工制造为主。该阶段，轻工业加工制造比重加大，到1992年轻工业生产总值为631286万元、重工业生产总值为350049万元，轻工业是重工业的1.8倍（见图1-2）。

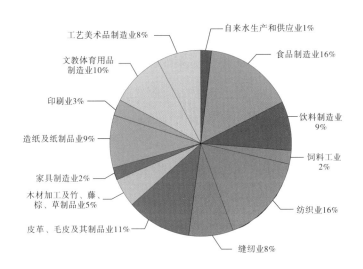

图 1-2　1992 年东莞市分行业工业生产总值情况

数据来源：《东莞统计年鉴 1993》。

1.1.2 村级主导，空间布局零散

该阶段，东莞市产业发展以村主导为特点，空间分布以村为基点，呈现出遍地开花的状态。1992 年，东莞市共有企业 11639 家，其中镇（区）以上办工业 1251 家；城镇合作、村及村以下 10388 家，含村及村以下 5166 家。从此数据可以看出，该阶段，东莞产业分布主要以村为主导，遍地开花是空间分布的常态（见表 1-1）。

表 1-1　1992 年东莞市工业企业数量情况

（单位：家）

全市工业企业单位总数	11639
镇（区）以上办工业	1251
城镇合作、村及村以下	10388
其中：村及村以下	5166

数据来源：《东莞统计年鉴 1993》。

该阶段是我国产业及产业园发展的第一阶段，不仅土地的价值并未彰显，而且土地管理模式比较粗放，尚未形成园区概念。厂房及厂区建设以满足基本的生产需求为主，多以一层低矮厂房为主。

1.1.3 "村主导"阶段：规划设计欠缺，以满足基本生产为主

该阶段我国产业及产业园区均处于发展的初级阶段，园区规划的意识及观念相对薄弱。该阶段，东莞的产业发展以"村主导"为主，在产业发展初期缺乏产业园概念和统一规划意识，在产业发展及厂区设计方面以能满足基本生产需求为主。园区规划相对落后，以兴办企业为主，主要表现为划地盖厂、上线生产，只有厂房建设，没有厂房及厂区规划设计（见图 1-3、图 1-4）。

图 1-3 太平手袋厂厂牌

图片来源：https://dgds.sun0769.com/detail.asp?id=4289。

图 1-4 太平手袋厂生产车间

图片来源：https://dgds.sun0769.com/detail.asp?id=4289。

1.2 东莞产业的快速发展阶段（1993—2001 年）

1.2.1 产业快速发展，谋划产业升级

1992 年我国初步确立了社会主义市场经济体制。在此后的近十年中，中国进入了承接国际产业转移的快速发展阶段，此阶段与全球第三次产业转移阶段相吻合。20 世纪 90 年代以来，发达国家和地区在继续向发展中国家转移劳动密集型产业的同时，也开始向发展中国家转移成熟的中间型技术、非核心复杂技术工序和零部件生产，产业转移由劳动密集型产业向资本、技术密集型产业转变，产业转移被赋予更多的技术内涵。

在 1978—1992 年的产业经济发展过程中，东莞以村为主导的产业发展模式，使得镇、市难以主导产业的选择及布局，难以形成区域合力和产业集聚优势。与此同时，东莞市委市政府也充分认识到低附加值劳动密集型加工产业的不足，尤其是在产业发展的动力性、长远性、持久性等方面的欠缺，不能对经济产生更大更高的贡献。因而，东莞开始谋划产业发展的第二次转型。1994 年，东莞市发出"第二次工业革命"的号召，提出由劳动密集型工业向技术密集型工业迈进，由"数量型"经济逐步向"质量型"经济转变，同时要求以科技进步为重要动力，做好创新工作。在东莞市委市政府的领导下，各镇也通过建设园区形成集群效应、增强招商引资能力，改善各自为战、分散经营的局面。这次工业改革推动了东莞产业结构的优化，标志着东莞产业经济开始升级转型。这个阶段的发展，不仅逐渐实现了产业的升级，也为下个阶段的产业转型奠定了基础，同时促进了东莞产业空间布局开始由村级工厂向产业园发展过渡。

1.2.2 产业结构初步形成

该阶段东莞的产业类型发生了变化，从 1992 年的 14 个行业增长到 2001 年的 30 多个行业。根据 2002 年东莞市统计数据，在 1992 年的 14 个行业的基础上增加了化学原料及化学制品、化学纤维、塑料制品、机械制造、电气机械及器材制造、电子及通信设备制造等行业（见表 1-2）。

表 1-2   1992 年与 2001 年东莞工业统计主要行业对比

序号	1992 年	2001 年
1	建材及其他非金属矿采选业	非金属矿采选业
2	自来水生产和供应业	木材及竹材采运业
3	食品制造业	食品加工业
4	饮料制造业	食品制造业
5	饲料工业	饮料制造业
6	纺织业	烟草加工业
7	缝纫业	纺织业
8	皮革、毛皮及其制品业	服装及其他纤维制品制造业
9	木材加工及竹、藤、棕、草制品业	皮革、毛皮、羽绒及其制品业
10	家具制造业	木材加工及竹、藤、棕、草制品业
11	造纸及纸制品业	家具制造业
12	印刷业	造纸及纸制品业
13	文教体育用品制造业	印刷和记录媒介复制业
14	工艺美术品制造业	文教体育用品制造业
15	—	石油加工及炼焦业
16	—	化学原料及化学制品制造业
17	—	医药制造业
18	—	化学纤维制造业
19	—	橡胶制品业
20	—	塑料制品业
21	—	非金属矿物制品业
22	—	黑色金属冶炼及压延加工业
23	—	有色金属冶炼及压延加工业

续表 1-2

序号	1992 年	2001 年
24	—	金属制品业
25	—	普通机械制造业
26	—	专用设备制造业
27	—	交通运输设备制造业
28	—	电气机械及器材制造业
29	—	电子及通信设备制造业
30	—	仪器、仪表及文化办公用品制造业
31	—	其他制造业
32	—	电力蒸汽热水生产和供应业
33	—	煤气生产和供应业
34	—	自来水生产和供应业

数据来源：《东莞统计年鉴1993》及《东莞统计年鉴2002》。

根据 2001 年的数据，在东莞市全部独立核算国有企业及年产品销售收入 500 万元及以上非国有工业企业工业产值的排名中，电子及通信设备制造业表现突出产值达 363 亿元以上，电气机械及器材制造业、化学原料及化学制品制造业等行业表现较好，原有的纺织、文教体育用品等行业也在稳步发展。从行业统计情况来看，这个阶段东莞的主导产业除纺织、食品等传统产业外，电子通信、机械制造、化学用品等产业开始发展。该阶段东莞市在劳动密集型产业的基础上，成功地吸引了技术密集型的电子通信等产业，产业升级的效果较显著，为东莞市未来的产业转型奠定了基础（见图 1-5）。

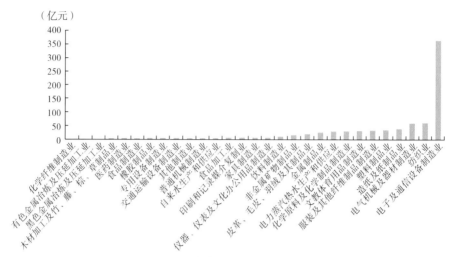

图 1-5　2001 年东莞市工业行业产值统计

说明：统计数据为全部独立核算国有及年产品销售收入 500 万元及以上非国有工业企业。

数据来源：《东莞统计年鉴 2002》。

该阶段，东莞的企业类型发生了较大的变化，"三来一补"企业增速放缓，"三资"企业逐年增加。2001 年东莞市"三资"企业共有 3115家，在东莞市工业总产值的贡献比例占绝对优势，工业总产值约 846 亿元，是"三来一补"企业的 10 倍左右。至此，东莞市的招商引资类型实现质的转变，产业发展模式从低附加值、劳动密集型开始向技术密集型转变和过渡。东莞的外向型经济开始发展，吸引了较多的外资企业将其中间技术生产线转移至东莞，但核心技术控制及研发仍在国外（见表 1-3）。

表 1-3　1985—2001 年东莞市"三来一补""三资"企业单位数
及工业总产值情况一览

年份	"三来一补""三资"企业单位数及工业总产值			
	"三来一补"企业		"三资"企业	
	企业数（个）	总产值（万元）	企业数（个）	总产值（万元）
1985	3141	26928	79	8594
1986	4462	38899	89	17906
1987	5836	57420	175	33195
1988	6054	87798	241	97297

续表1-3

年份	"三来一补""三资"企业单位数及工业总产值			
	"三来一补"企业		"三资"企业	
	企业数（个）	总产值（万元）	企业数（个）	总产值（万元）
1989	6217	105734	323	128306
1990	6924	144060	525	174753
1991	7066	166394	758	264531
1992	8031	216097	936	458602
1993	8491	308888	1412	567793
1994	9608	789649	2193	959009
1995	10371	1220730	2841	1488687
1996	10209	1226011	2381	1408733
1997	10179	1090338	2379	2267027
1998	10200	1243640	2511	3001770
1999	8771	577977	3358	5211772
2000	8767	671778	3615	6551330
2001	8496	838136	3115	8463910

说明：工业总产值为90年不变价。

数据来源：《东莞统计年鉴2002》。

1.2.3 "镇主导"阶段：镇级产业园出现，空间布局较为分散

1988年，东莞市升级为不设市辖区的地级市，并逐渐创立独特的"市直管镇"模式。1992年，东莞市进一步推进放权强镇，使镇级政府成为实际上的招商引资、土地供应的行政管理单位。随着分税制度改革，东莞建立起镇市区的分级财政体制，使镇级政府自主招商的积极性和主动性进一步提高。

1994年东莞市提出的"第二次工业革命"号召，导致原有以村主导的产业布局，因缺乏统一规划，布局散乱，各自为战，而难以形成产业集群及产业发展合力，基础设施及服务设施不足且使用不高效，难以满足对生产服务要求较高的外资企业的需求。东莞市政府及各镇意识到市

镇管理不科学带来的弊端后，开始强化对产业的空间规划及管控。为了更好地吸引外商投资，东莞市的产业布局及管理逐渐从"村主导"转变为"镇主导"。

该阶段为东莞市产业发展的"强镇"模式阶段，在产业空间布局上表现为，各镇开始规划和布局产业发展用地和产业空间。在这一阶段，东莞市建设了较多的以镇为主导的镇级工业园，各镇以低廉的土地成本和税收优惠等政策，作为招商引资的核心吸引力，吸引了大量外资企业落地。虽然在各镇级工业园实现了相对统筹和管理，但各镇之间仍然是分而管之，仍然欠缺全市范围的宏观统筹和规划，仍为遍地开花的空间分布（见图1-6）。

图1-6 1999年东莞工业和居住用地分布

图片来源：基于《东莞市国土空间规划—发展战略专题》相关图纸改绘。

1.3 东莞产业的转型及腾飞阶段（2002—2014 年）

1.3.1 产业结构转型优化，产业发展腾飞

东莞市产业经过 20 多年的发展，取得了卓越的成就，2014 年东莞地区生产总值达到 6174.8 亿元。在 2002 年以前的产业发展过程中，东莞虽然实现了产业发展从"三来一补"到"外资型"产业模式的转变，但其本质是产业类型及产业加工模式发生了变化，而产业结构及模式仍然是加工和代工的模式。虽然东莞吸引了电子通信等较高附加值的产业类型，但落户在东莞的大多是产业链的低附加值企业。在此过程中，东莞深刻地认识到技术密集型、资金密集型产业对产业及经济发展的巨大带动作用。于是，东莞开始谋划产业结构的转型和升级，并逐渐改变"镇强市弱"的发展模式，从"镇主导"向"市镇合制"转变，希望从产业结构、产业布局、园区发展三个维度实现东莞产业发展的转型和升级。

为此东莞提出"腾笼换鸟"的发展思路，希望能在原有的产业基础上实现质的发展和变迁，希望能改变东莞的产业结构，并以松山湖为代表开始发展建设东莞市现代产业园。这个阶段东莞在产业结构升级、产业园区建设及城市建设方面都取得了较大的成就。在中国社会科学院发布的《中国城市竞争力蓝皮书 2014》中，东莞城市综合经济竞争力排全国第 12 位；在福布斯 2014 中国城市创新力排行榜上，东莞居第 11 位。

1.3.2 产业结构形成五大支柱及四大特色产业

到 2014 年底，东莞的五大支柱产业电子信息制造业、电气机械及设备制造业、纺织服装鞋帽制造业、食品饮料加工制造业、造纸及纸制品业完成增加值 1803.81 亿元，增长 10.6%；四大特色产业玩具及文体用品制造业、家具制造业、化工制品制造业、包装印刷业完成增加值 249.66 亿元，增长 4.0%。全年高技术制造业增加值增长 16.3%，先进制造业增加值增长 13.9%，逐渐从东莞制造向东莞"智造"转变，东莞逐渐开始产业创新的发展转变。2014 年东莞第三产业地区生产总值达到 3066 亿元，连续两年超过第二产业，东莞的产业转型成果初现，并将快速发展（见表 1-4、1-5）。

表 1-4　1978—2014 年东莞三大产业地区生产总值变化

（单位：万元）

三大产业	1978 年	1990 年	1995 年	2000 年	2005 年	2010 年	2013 年	2014 年
第一产业	2.72	13.28	21.43	25.91	20.55	16.57	19.55	20.35
第二产业	2.68	40.53	166.97	450.71	1227.86	2191.78	2622.67	2794.42
第三产业	0.71	26.63	107.89	343.64	934.78	2069.86	2875.25	3066.55
合计	6.11	80.44	296.29	820.25	2183.2	4278.21	5517.47	5881.32

数据来源：《东莞统计年鉴 2015》。

表 1-5　2014 年东莞市五大支柱产业及四个特色产业工业增加值情况

（单位：万元）

行业分类	工业增加值	行业分类	工业增加值
五大支柱产业	18038100	四个特色产业	2496600
电子信息制造业	7348930	玩具及文体用品制造业	929540
电气机械及设备制造业	4642512	家具制造业	581842
纺织服装鞋帽制造业	3172360	化工制品制造业	539231
食品饮料加工制造业	656097	包装印刷业	462680
造纸及纸制品业	1103784		

数据来源：《东莞统计年鉴 2015》。

1.3.3 东莞市主导的第三代产业园及新城大规模建设

该阶段，东莞各镇之间主导及特色产业明确，产业经济发展梯度形成，第二阶段发展形成的镇级产业园已无法满足现代产业发展的需求，且产业空间统筹不够，呈现出小面积连片、大面积分散的状态。以此为背景，东莞市政府以松山湖科技产业园为首个项目开始了以市政府为主导的产业园发展建设，相继启动建设松山湖科技产业园、长安新区等高科技产业园。该阶段的产业在空间分布上呈现出规划化、集中化、综合化、品质化的发展特征，产业园建设向现代化产业园建设靠拢，在园区发展建设中综合考虑园区基础设施、园区服务设施及园区综合功能。产业园不再只具备单一的生产功能，而是成为集科研、教育、生产、生活等多种功能于一体的综合性产业园区。

该阶段也是我国房地产业高速发展的阶段，产业园区建设与新城建设相结合，东莞市政府通过不断的土地整备、征收和出让融资，大规模发展建设产业园区及产业新城，以满足东莞市产业升级转型的需求；通过不断提升城市综合服务功能吸引高新技术产业需要的人才；还通过不断完善的产业配套设施及不断加大的招商力度，吸引高新技术产业落户东莞。

该阶段发展建设的产业园具有规模大、远离城市中心、功能综合、注重环境建设及品质等特点。首先，产业园区主要分布在城市边缘地带，且多在镇与镇的交界地带，这些区域在早期的产业发展中属于边缘地带，尚未开发建设，在产业发展到一定阶段后，曾经的空白地带不但能较好地承接周边的产业要素，而且能降低土地征收成本，获取连片规模土地。其次，产业园区面积规模大，如松山湖园区达到 58 km²，能有效承接大型龙头企业、满足企业研发生产和生活服务的需求，能为园区综合性功能和服务设施集聚提供发展空间，能满足产城融合的现代化产业园区的建设需求。最后，这一阶段的产业园区，更加注重环境品质的塑造，通过科学的空间规划、合理的功能设置及布局、卓越的设计和建设质量，不断在生态环境、建筑品质、开敞空间、功能服务设施等方面将自然环境、人的需求、生产需要等各项功能和要素有机融合，以吸引高新产业和高端人才入驻（见图 1-7）。

图 1-7　2001—2015 年间东莞主要市级产业园区分布

图片来源：UPDIS 共同城市公众号。

1.4 东莞产业的创新及高质量发展阶段（2015 年后）

1.4.1 逐步实现"制造"向"智造"转变，迈入创新驱动新阶段

2015 年东莞市政府工作报告中明确提出，东莞的产业形态正逐步从简单的加工贸易向以新技术、新产品、新业态、新模式为特征的"四新"经济方向发展转变。东莞经济的重要主体加工贸易在企业形态、品牌等方面转型升级明显，传统优势产业如服装、家具等的核心竞争力进一步加强，大量的新技术产业如智能手机、机器人等初具规模，电子商务、现代物流等新业态、新模式生机蓬勃，国家高新技术企业总数已稳居全省地级市第一位，经济发展正稳步迈入创新驱动的新阶段。东莞也在2015 年政府工作报告中率先提出了"东莞制造 2025"战略，鲜明提出了"争创中国制造样板城市"的目标，同时提出推进智能制造、服务型制造、创新制造、优质制造、集群制造、绿色制造"六大工程"，努力将东莞

建设成为中国制造样板城市。从此东莞开启了制造业智能制造及制造业"扩链强链"的产业发展战略，推动产业经济创新发展。

该阶段科技创新型企业不断落户东莞，使东莞的研发力量不断强化，如华为落户东莞松山湖。2019 年，华为的南方基地、终端总部、智能制造基地、云数据中心等在松山湖完成布局。到 2021 年末，东莞市规模以上企业从 2015 年的 5688 家增长到 12778 家，其中有上市公司 66 家、专精特新企业 234 家；高新技术企业数量从 2015 年的 986 家增长到 7374 家；全市有各级重点实验室 122 家，各级工程技术研究中心 784 家，新型研发机构 32 家，科技企业孵化器 119 家，全社会 R&D 经费支出占 GDP 的比重为 4%，专利授权量为 94573 件，发明专利授权量为 11690 件，有效发明专利从 2015 年的 7890 件增长到 48290 件。截至 2021 年末，东莞实现 GDP 突破万亿元，进入我国万亿元城市俱乐部。东莞成为国家创新型城市，在全国科技创新 20 强中位列地级市第三。东莞实现了产业结构从加工贸易型向科技创新、创新引领的转变（见图 1-8 至图 1-11）。

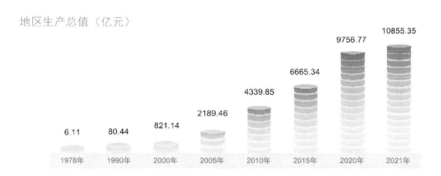

图 1-8　1978—2021 年东莞市地区生产总值情况

图片来源：《东莞统计年鉴 2022》。

图 1-9 2021 年东莞市企业分类情况

图片来源：《东莞统计年鉴 2022》。

图 1-10 2021 年东莞市研发及科创机构情况

图片来源：《东莞统计年鉴 2022》。

图 1-11 2015—2021 年东莞市有效发明专利拥有量

图片来源：《东莞统计年鉴 2022》。

1.4.2 产业结构再次升级，产业体系更加完善

2015 年后，东莞坚持创新及高质量发展思路，通过强化莞深合作、扩链强链、发展新兴产业、扶持现代服务业等手段，不断优化产业结构，完善产业体系。

这一阶段深圳大量产业外溢，东莞凭借毗邻深圳的地缘优势，不断加强与深圳的区域合作。通过不断扩链强链，继续优化产业结构和发展产业集群，在原有的五大支柱产业、四大特色产业基础上重点发展以高端电子信息制造业、先进装备制造业、石油化工产业、先进轻纺制造业、新材料、生物医药和高性能医疗器械为主的先进制造业，以及包括医药制造、航空、航天器及设备制造、电子及通信设备制造、计算机办公设备制造等为主的高技术制造业。

2017 年，国家首次提出高质量发展的思路。2018 年 8 月，东莞颁布《东莞市重点新兴产业发展规划（2018—2025 年）》，提出坚持创新驱动，促进产业高端高新发展；坚持质量引领，推动产业集约集群发展；坚持开放合作，融入全球制造体系；坚持协同发展，高质量构建现代产业体系的发展原则。东莞的产业体系在原有的产业基础上重点发展新一代信息技术、高端装备制造、新材料、新能源以及生命科学和生物技术五大新兴领域，产业结构持续优化升级。同时，为了更好地将东莞现有的产业规模优势升级为结构优势、质量优势、创新优势，高水平参与全球价值链分工，2020 年东莞市颁布了《东莞市现代产业体系中长期发展规划纲要（2020—2035 年）》，提出东莞的产业体系为五大新兴产业、九大现代服务业、四大未来产业、十大传统产业；提出大力发展五大新兴产业，在五大新兴产业的基础上发展现代服务业、超前布局前沿新材料、量子通信、高性能集成电路、高端医疗设备、通用航天航空等产业。东莞产业体系不断优化，产业发展迈入高质量发展阶段（见图 1-12）。

东莞现代化产业体系

新兴产业	现代服务业	未来产业	传统产业
新一代信息技术 高端装备制造 新材料 新能源 生命科学和生物 技术	现代金融 科技服务 信息服务 节能环保 创意设计 商贸会展 现代物流 专业服务 文体旅游	新概念材料 量子信息 类脑智能 通用航空航天	纺织服装鞋帽制造业 黄金珠宝产业 食品饮料加工制造业 家具制造业 玩具及文体用品制造业 造纸及纸制品业 包装印刷业 化工制品制造业 橡胶和塑料制品业 都市农业

图 1-12　东莞现代化产业体系

资料来源：《东莞市现代产业体系中长期发展规划纲要（2020—2035 年）》。

1.4.3 市镇统筹、三级管理的综合性现代化产业园

在这一阶段，东莞不断优化产业发展模式及政府管理体制机制，管理体制从"多轮驱动"转变为"市镇统筹"。"村村点火"的放养式、多主体、低层次的传统模式，被"市镇统筹、三级分利"的新模式所替代。东莞市在全市范围内形成多个市镇统筹发展，产、城、乡、人各个维度及要素融合发展的规划和空间布局。

该阶段，东莞产业园的发展建设突出了现代产业园的特征，体现了知识密集、柔性生产、信息化、智能化等现代产业园的特点，功能越来综合，不仅服务于生产的研发设计和生产制造，还有商业服务、金融服务、管理、医疗、教育、休闲娱乐等各项城市综合服务功能，实现了产业在空间上统筹，在功能上融合。

东莞在全市范围内统筹各镇区之间发展不平衡及不协调的问题，构建"一核两极三带"现代产业体系总体发展布局，重点发展"十大产业承载区"（见图 1-13、图 1-14）。

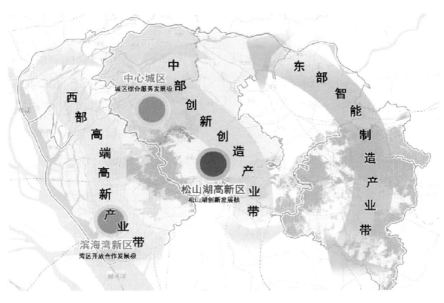

图 1-13 "一核两极三带"现代产业体系总体布局

资料来源：《东莞市现代产业体系中长期发展规划纲要（2020—2035 年）》。

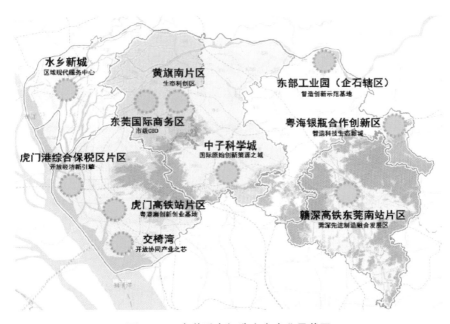

图 1-14 东莞重点打造十大产业承载区

资料来源：《东莞市现代产业体系中长期发展规划纲要（2020—2035 年）》。

1.4.4 土地资源紧缺，产业用地集约高效

2015—2020 年是我国城市化发展的高速时期，城市基础设施建设、新城建设、城市公共设施建设发展迅速，土地价值日益凸显，在守住耕地红线以及国土空间规划提出的"三区三线"的土地管理制度下，对土地的集约化利用日益重要。工业上楼、立体化工厂应运而生，在深圳等发达城市除了 M0 工业用地等新型产业用地外，对产业用地的建设强度也提出新的要求，包括亩均土地产出、容积率、绿化率等。产业用地走上集约高效的方向，对生产空间的规划、设计也提出了新的要求。在土地紧缺、原有产业用地抵消的情况下，"工改 M0"政策出台。东莞市在 2019 年出台《东莞市新型产业用地（M0）地价管理实施细则》，2022年发布《东莞市新型产业用地（M0）管理办法（修订）》，规定新型产业用地容积率需在 3.0 ～ 6.0 之间，总配套（含宿舍）在 15% ～ 30%，为了防止变相销售，还提出产业用房单栋建筑的套内建筑面积不得少于3000 m^2。同时在产业的空间规模上尺度开始缩小，例如标准化的产业片区规模在 1 ～ 8 km^2，以便形成紧凑发展的产业及生活圈；在空间及环境营造上，更加注重人的多元化需求，综合考虑环境、交通、建筑、绿化等各种要素，营造宜居宜业的生产、生活、交流空间，促进信息、人才、资本的高效流通，激发创新活力。

在这一阶段，东莞出现了诸多新型产业用地下的产业园，如东莞天安数码城等。产业园在规划上不仅要求用地功能搭配合理、利用高效，而且对建筑设计也提出更高的要求。产业园不再是原来简单的厂房加宿舍，而是产业新城中的一个有机的分子，不但功能完备合理，而且外观美观大方，从内到外都彰显现代产业园的特征。

2.1 高质量发展下的产业发展要求

2017 年，中国共产党第十九次全国代表大会首次提出高质量发展。2021 年，习近平总书记接连强调高质量发展意义重大。我国产业发展全面从"有没有"向"好不好"转变。高质量发展是实现绿色发展、可持续发展的重要指针和方向，在宏观层面，高质量发展是指区域之间发展协调，经济增长平稳；在产业发展层面，是指产业布局及产业结构合理、产业体系健全，产业不断实现转型升级，产业发展效益显著等。高质量发展对产业经济发展提出了新的要求，也是我国产业经济发展到一定阶段的必然要求。

高质量发展对产业提出了多方面要求，如要求产业集聚、产业高效、产业结构合理、产业梯次稳固、产业空间集约高效、生产方式低碳循环、产业链之间高效衔接、科研及科技创新能力突出、生产组织及服务方式高效健全等。高质量发展要有强大的产业链竞争优势，既要有研发能力，又要有高端制造承载能力，最终能够影响产业链布局或产业链中的某一个或某几个环节；高质量发展要有品牌的力量，通过品牌的塑造，提高产业发展效益；高质量发展要聚集产业发展中的各高端要素，如科技人才、研发机构、金融资本、技术核心等。

经过 40 多年的发展，东莞已经成为国内创新经济排名第三的城市，在全球智能制造产业链中占据重要的一环。东莞的产业结构不断优化，产业类型不断升级，产业发展模式持续优化，产业空间也由最初的"村村开花"发展为"市镇统筹"的十大产业承载区。高质量发展要求规划不再是原来的单一要素或仅着眼于空间规划的设计方式，而是要综合全要素，通过规划设计实现土地、空间的集约高效以及生产的高效经济。

2.2 未来东莞主导产业类型

2020 年东莞市颁布了《东莞市现代产业体系中长期发展规划纲要（2020—2035 年）》，提出"创新东莞、智造未来——建成全球先进制造创新领航城市"的发展战略目标；提出到 2025 年完成产业结构的战略调整，经济发展方式明显转变，形成实体经济、现代金融、科技创新和人力资源协同发展的现代产业体系，新兴产业、现代服务业、未来产业、传统产业四大板块协同并进，新兴产业成为产业体系新支柱，现代服务业成为驱动经济发展新引擎，未来产业蓄势待发，培育经济新增长点。到 2035 年，实现拥有一批掌握前沿引领技术的企业和世界一流的科研机构，持续突破一批原创性、颠覆性技术，成为全国重要的新兴科技与产业创新发展策源地、全球高端人才创新创业的重要聚集地。科技、文化与产业深度融合，主要产业进入全球价值链中高端，建成国际一流的先进制造中心，以新制造、新服务、新城市支撑经济高质量和可持续发展，打造立足湾区、辐射全球的产业创新中心，建设成为全球先进制造创新领航城市。[①]

在此规划目标下，东莞未来的主导产业及产业结构将持续优化，将拥有一批高新技术产业、企业及人才，未来的产业园功能、空间布局及设计也将发生变化。

---

① 参见《东莞市现代产业体系中长期发展规划纲要（2020—2035 年）》。

2.3 产业空间规划及设计需求分析

2.3.1 产业空间规划及设计趋势分析

在高质量发展的背景之下，产业园的发展是以产业为基础融入城市的生活生态功能，产业园的规划建设及发展要求产业要素与城市功能协同发展成为城市发展的重要细胞单元。产业园不再是简单的产业功能，而是强化产业、空间、运营三位一体的"产业社区"。在未来的产业园规划及发展中，要做到"产业—空间—运营"协同谋划。这将对人工智能与工业生产的深度融合及应用、智能制造的进一步发展以及生产方式产生深刻的影响，从而影响产业园的功能、空间布局、环境绿化等相应的规划设计。

2.3.1.1 注重顶层设计及园区开放

在高质量发展的要求下，产业的规划及空间布局必须从战略、宏观及全局的角度做好顶层设计和布局，才能打开园区发展及空间布局的格局和视野，在多维度及超出现有格局的层面寻找和把握园区发展方向和发展机遇，使园区获得长久可持续的发展。

全局角度的产业空间布局必须依托具有宏观战略思维的产业规划。产业规划是从发展战略角度解决产业发展的总体规划和顶层设计。产业规划需明确区域发展战略定位、产业发展定位、区域产业体系、产业选择、主要功能、发展目标等宏观战略需求、方向、目标，才能为后续的产业空间布局提供依据和基础。

产业空间规划布局包括宏观产业空间布局及产业园区的空间规划和设计。宏观产业空间布局主要是产业体系及类型在空间上的布局与集聚，是依据产业体系和产业类型在空间上划分的产业集聚区和产业园区；产业园区的空间规划和设计需基于园区自身的区位条件、产业定位、产业体系规划、园区重点功能、园区产业发展重点、园区功能需求等，统筹规划园区各项要素和功能在空间上的分布安排。

同时，在全球产业分工日益细化、产业联系日益紧密的今天，任何一个产业园或产业区域都不是孤立、封闭和区域化的存在，而需要在经济、信息、科研、生产、人才等各方面与全球各地的产业之间产生关联。产业及园区的空间分布应具备在安全生产建设的情况下相对开放的空间交流状态。

2.3.1.2 关注产业集聚发展

在高质量发展背景下，产业空间布局的规划设计要遵循产业集群发展及产业链上下游协同发展的原则，考虑产业链上下游的关联和相关产业的互相融合。产业空间布局需综合考虑影响产业生产的各种生产要素之间的关联，考虑同一产业链的上下游的关联和布局，以提高生产效率，强化产业之间的空间关联；产业空间布局需考虑除生产之外的其他影响因素，如仓储物流、交通运输、基础设施等；产业空间布局还要考虑服务与产业的其他相关要素，如金融服务、政府服务、科研服务、生产维修等生产性服务业、生活性服务业、生产功能、城市功能、生活功能、生态功能的有机融合，尤其是高新技术产业，更要充分考虑与高端技术人才的生活、教育、医疗等相关的各项服务。

2.3.1.3 关注"三生融合"理念

"三生融合"概念源于2015年中央城市工作会议。该会议提出"统筹城市生产、生活、生态"三大布局，提高城市的宜居性。"三生融合"是对"产城融合"概念的延展与升级，是指产业发展与城市生活、生态环境之间有机融合的状态，是人本主义的回归。"三生融合"不仅是城市迈入发展新阶段，也是产业园区迈入发展新阶段的基础，是人、社会经济活动与自然生态统一发展的必要条件和必然趋势。"三生融合"的理念是在新的经济及产业模式下，对园区功能和空间布局的最新要求。

"三生融合"理念，要求在产业空间规划和布局上做到以人为本、尊重生态、实现生产目标，也可概括为"生产绘底、生活绘魂、生态添彩",即以生产要求为基本准则和骨架,为规划设计底图;以生活功能和生活服务为规划和设计的灵魂和提升,为园区注入活力;以尊重生态、优化环境为提升环境规划设计增色添彩,让园区最终形成统一的整体,并以可持续低碳发展为终极目标,实现三者的有机融合。这也是未来高质量发展对产业空间规划设计提出的新要求。

2.3.2 产业空间规划设计需考虑的各项要素

我国产业园的发展历程政策导向属性比较明显,受不同发展阶段中经济政策、土地政策等的影响,产业园的发展也是一个持续动态的过程。我国现在诸多的高新区如苏州工业园、西安高新区等都有从传统产业园向现代化新城发展的影子,从曾经的城市远郊、近郊、城乡接合部等发展演变为城市重要的新区新城。产业空间的设计也受到不同发展阶段国家或区域用地政策的影响,产业空间也因为区域产业经济所处的发展阶段而出现相应的生命发展周期。因此,产业空间的发展需从产业空间动态发展的角度综合考虑多种要素。

2.3.2.1 人的需求要素

人是现代社会最重要的生产力,是区域最重要的竞争力和发展活力。在现代化的产业社区内,要具备长久持续的竞争力,就需要搭建包括高端科研创新人才、高端技术人才及高素质服务人员的梯次化高素质人才队伍。要吸引和留住这些人才,就要在现代化的各种产业空间内,满足现代高素质人才的各种需求。除了最基本的工作、生活、服务等需求外,高素质人才更加关注高效、高质量的工作环境,关注生活空间、休闲环境、生态环境和个人认同、价值发挥、归属感等。因此,在空间的布局规划设计上除了考虑基本的生活、公共服务等需求外,也应充分考虑高素质人才的时间价值、空间价值和情绪价值等需求。

2.3.2.2 产业发展要素

在现代化的产业发展体系中，不管是新兴产业、传统产业还是现代化服务业，其共同目标都是促进产业现代化且能可持续发展。但无论是哪种产业类型，在规划和设计其产业空间时，都必须充分尊重和考虑产业发展的基本要素，包括：区域产业，如区域内的产业定位、产业结构和产业类型；区域位置，可据此判断在区域的功能、服务能级和对空间设施的能级要求；产业类型，可据此判断对生产空间、安全、服务设施的要求；科研创新要求，如科研机构的类型、数量、设施设备以及空间要求等；生产服务，如物流布局、金融、人才培训等各项要求。

2.3.2.3 区域经济要素

区域经济要素需考虑区域经济发展的现状以及未来发展的趋势和需求。经济要素是产业空间规划设计需要考虑的非常重要的因素。产业空间的合理布局和良性发展能促使区域经济各项要素的有效集聚和合理扩散，能有效促进区域产业结构优化、实现经济增长、增强区域经济实力。同时，区域经济实力也是产业发展和空间建设的基础，是区域产业空间规划建设、发展方向、发展水平以及产业园类型的主导因素。

2.3.2.4 文化内涵要素

文化内涵要素不仅是提升吸引力的重要因素，更是增加空间黏性的重要因素。良好的文化表达形式、文化内容、文化氛围都是产业园区内隐形且不可忽视的重要价值。从一个城市到一个产业园，其文化氛围对其发展不可忽视，如深圳的快速经济发展文化、硅谷的创新文化、一些文化创意产业园的特色文化等，都是在产业空间规划及设计中不可忽视的要素。文化内涵要素是无形的，却也需要通过良好的空间设计和场所作其载体来体现，或提供文化交流传播的平台，如通过公共空间提供开放交流平台、通过创意空间激发讨论与创新思维，外延与内涵、载体与内容相辅相成、共同影响。

2.3.2.5 公共设施要素

公共设施是否完善是衡量现代产业空间（产业园）的重要因素之一。现代产业空间（产业园）不仅要满足生产的需要，还要满足区域内服务与生产的各种要素，如金融、会议、展览展示等；满足内部各级工作人员的各种生活需求，如医疗、教育、生活居住、体育、休闲、文化、绿化环境等。

2.3.2.6 基础设施要素

基础设施要素包括交通、供水供电、排水、污水处理、通信、物流服务等。在各项要素中，交通设施是决定产业空间布局的首要因素，包括公路、铁路、港口码头、航空机场等。大型的基础设施如水、电、污水处理等，尤其是污水处理设施，在一定程度上也影响园区的规划布局，充分考虑并结合其现状和分布特点，能降低园区建设的成本，提高经济效益。其他如通信、物流集散中心等则需在规划设计过程中根据产业特点进行合理布局。

2.3.2.7 开发运营要素

树立运营前置的规划设计理念，在园区空间规划、环境景观、功能设置、空间布局、分期安排、开发计划等过程中，充分考虑园区开发运营的需求。尤其是在以工业用地改造为现代产业园发展建设主旋律的东莞产业园发展现状及趋势的背景下，现代产业园规划设计要综合考虑产业园的开发运营要素。第一，要考虑开发运营的"成本—收益"关系，为持续改造提供支持和动力。第二，要考虑产业园开发建设的资金来源，根据不同开发改造模式及资金来源进行规划设计，为多种改造模式提供空间基础。第三，了解改造区域企业的情况，通过合理的改造计划及设计，设立企业负面清单，保障优质企业不流失。第四，制定合理的改造计划，根据企业情况进行分类。如按照"先腾挪后改造"的总体思路，优先安置 A 类优质企业，如规模以上企业、高新技术企业、上市企业等；灵活保留 B 类企业，如重大产业项目企业等；清退淘汰产能落后、低端及负面清单的 C 类企业。将开发运营的理念纳入规划设计过程中，能为产业园空间的合理利用提供多种灵活性，更好地解决产业园开发运营过程中面临的功能、空间等局限，为良好可持续的开发运营奠定基础。

2.4 产业建筑需求及分析

随着东莞土地开发强度的逐渐增加，土地资源日渐稀缺，向存量要空间，向天空要空间，"工业上楼"逐渐成为东莞新建产业园区规划设计的一个趋势。现在提及的工业上楼通常是指建筑高度超过 24 m 或者楼层数量达到 4 层及以上的有楼梯、电梯和吊装设备的厂房。为了支撑东莞未来产业的发展，应该合理规划产业用地规模，尽可能维持成本优势并与周边地区的成本梯度保持一致，同时努力提高产业园品质，以吸引更多核心城市产业的外溢和落户。本节主要对东莞市"工业上楼"的产业园产品进行分析，在"工业上楼"的趋势当中，打造高品质、高标准、低成本的产业园区。

区别于传统的产业园区，高品质产业园建筑产品的目标是创建一个有机的、高效的生态系统，提高园区的环境品质，满足和支持产业园内企业和行业的需求。通过前期的设计打造全能的产研社区，实现近期可用、中期可融、远期可变的建筑全生命周期，起到降本增效的效果，提高企业的效益。

产业园作为一种集聚特定行业企业，提供专业服务并促进创新的空间载体，其建筑参数配置直接影响着产业园产品的品质和竞争力。合理的建筑面积、建筑布局、结构、层高、荷载、道路管网和绿化配置以及室内装修和设备配置等，将为产业园提供一个良好的工作和生活环境，提高生产效率和产品质量，促进企业的可持续发展。只有深入了解企业的需求和市场的变化，结合创新的设计理念，才能为产业园区的建设发展提供更有前瞻性和可持续性的解决方案。

对市场调研进行综合分析，可将影响产业园建筑参数配置的因素主要归纳为以下十个：

（1）建筑面积。建筑面积是厂房参数配置的基础，需要根据生产规模和生产流程来确定。

（2）层数和层高。厂房的层数和层高需要根据生产设备、工艺流程和库存需求等因素来确定。

（3）建筑承重。需要计算和验证厂房建筑的承重能力，并根据不同工艺的承重要求进行调整。

（4）建筑柱跨。厂房建筑柱跨尺寸需要根据建筑结构类型、不同工艺的要求、荷载要求和当地建筑规范等因素来确定。

（5）垂直交通。垂直交通需要根据货物运输需求、人员运输需求、安全性等确定，以确保厂房内部的垂直交通的流畅、安全、高效。

（6）采光和通风。良好的采光和通风是厂房参数配置的重要因素之一，可以提高生产效率和员工舒适度。

（7）材料选择。厂房建筑材料包括钢材、混凝土、砖石等，需要根据建筑结构类型和荷载要求来选择。

（8）电力和水源。电力和水源是厂房参数配置必不可少的因素，需要根据生产设备和用水量来确定。

（9）环保要求。现代厂房建筑需要满足环保要求，包括噪声、废气、废水等方面的排放标准。

（10）安全要求。厂房参数配置还需要考虑安全要求，如防火、防盗、人员疏散等方面的措施。

综上所述，厂房参数配置是现代工业生产中非常重要的一项工作。在进行参数配置时，应该充分考虑生产设备和工艺流程的要求，以及当地的建筑规范和标准等各种因素，并且采取科学合理的方法进行计算和分析，以确定最佳的参数配置方案。只有这样，才能够提高生产效率、降低成本、提高产品质量。

2.4.1 建筑平面研究与分析

2.4.1.1 相关产业园项目调研数据

相关产业园项目调研数据见表2-1。

表2-1 相关产业园数据

序号	项目名称	厂房尺寸	标准层面积	产业
1	华智新智汇科技园	79.6 m × 31.4 m	2544 m²	高端智能设备、电子信息
2	中创汇·智盈科技园	96.6 m × 27.8 m	2763 m²	高端智能设备、电子信息
3	河西片区"工改工4单元"项目	79.6 m × 27.0 m	2000～5000 m²	高端智能设备、电子信息、通信设备、新材料
4	摩尔顿·未来岛	64.5 m × 20.0 m	2500～3500 m²	高端智能设备、生物科技
5	新硅谷信息产业园	44.8 m × 25.7 m～94.6 m × 25.7 m	1300～2490 m²	高端智能设备、通信设备、新材料
6	信利康乐创谷	36.0 m × 36.0 m～36.0 m × 72.0 m	1321～2600 m²	高端智能设备、通信设备
7	东实·道滘数智园	45.6 m × 26.6 m～77.5 m × 33.0 m	1256～2395 m²	高端智能设备、电子信息、新材料
8	泓海科技产业谷	45.0 m × 28.7 m～60.1 m × 29.1 m	1290～1750 m²	高端智能设备、电子信息
9	君泰·正拓5G产业园	36.2 m × 41.5 m	1290 m²	高端智能设备、电子信息、通信设备、新材料、新能源、生物科技
10	汇讯·湾区创科	20.0 m × 45.0 m	2158 m²	高端智能设备、电子信息、通信设备、新材料、新能源
11	联冠先进制造中心	31.25 m × 51.9 m～39.6 m × 43.4 m	1500～1718 m²	高端智能设备、电子信息
12	恒动科技园	32.0 m × 55.4 m～36.7 m × 46.6 m	1621～1710 m²	高端智能设备、电子信息、新材料、新能源
13	虎门青创育成基地	83.4 m × 32.4 m	2580～2590 m²	通用产业

续表 2-1

序号	项目名称	厂房尺寸	标准层面积	产业
14	博罗青创育成基地	72.0 m × 29.0 m、130.0 m × 30.0 m	2088 m²、3900 m²	通用产业
15	虎门大宁生态智慧产业园	85.9 m × 44.4 m、77.0 m × 67.8 m、88.3 m × 51.6 m	2465 m²、3020 m²、3594 m²	通用产业
16	领益智能智造科技项目	170.0 m × 68.0 m	11583 m²	高端智能设备、电子信息、新材料
17	塘厦龙背岭优质产业空间	60.6 m × 34.7 m ~ 68.0 m × 58.0 m	2090 ~ 3945 m²	通用产业
18	大宁电子智能制造项目	63.5 m × 55.5 m	2721.12 m²	通用产业
19	优利德产业园	123.0 m × 40.0 m、70.0 m × 40.0 m	2800 m²、4920 m²	通用产业
20	高登堡产业园	63.7 m × 31.5 m、70.0 m × 31.5 m	2006.55 m²、2205 m²	通用产业
21	松山湖（生态园）机器人智能装备制造产业加速器	51.0 m × 33.4 m、26.7 m × 40.45 m、31.1 m × 59.3 m、25.7 m × 82.2 m	1080.02 ~ 2112.54 m²	高端智能设备

2.4.1.2 东莞市产业园案例分析

案例一：松湖智谷

松湖智谷是东莞市打造的拥有 1800000 m² 的产业"航母"，坐落于东莞松山湖片区，是集高端生产、研发设计、中试检测、总部办公、产品展示等为一体的园区。松湖智谷针对不同企业的"办公 + 生产"需求，创新研究出多种"办公 + 厂房"空间组合产品。松湖智谷的工业大厦以智能制造产业用房为主导，设置了吊装平台、卸货平台、大型货物中转平台、物流中转仓库等，解决了层高、承重、隔振、吊装、物流等问题，满足了"工业上楼"的需求（见图 2-1、表 2-2）。

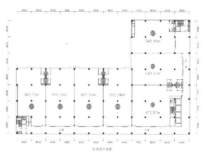

图 2-1　松湖智谷实景鸟瞰与标准层平面图

图片来源：https://t.10jqka.com.cn/pid_285370094.shtml。

表 2-2　项目经济技术数据

单层面积	层高	电梯	荷载	功能分区
约 4410 m²	1～3 层 6 m，4 层及以上 4.5 m	2 台 3 t 货梯 2 台 2 t 货梯 2 台 1.6 t 消防梯	首层 1500 kg/m² 2 层 850 kg/m² 标准层 650 kg/m²	高端生产、研发设计、中试检测、总部办公、产品展示

案例二：东实·道滘数智园

东实·道滘数智园由市属国有独资企业东实集团与道滘镇政府联合开发，是东莞首个采用市属国企土地整备模式实施的"工改工"项目。东实·道滘数智园总规划范围为 2160 亩（1 亩 ≈ 666.67 m²），重点改造范围约 950 亩，其中启动区 150 亩，首推工业 4.0 高标准厂房。该项目重点发展新一代信息技术、高端装备制造、新材料等，重点引进"专精特新"企业，致力于打造成为"大湾区数字智造产业示范基地"（见表 2-3、图 2-2）。

表 2-3　项目经济技术数据

单层面积	层高	电梯	荷载	功能分区
1256～2395 m²	首层 7.9 m，2 层、3 层 6 m，标准层 4.5 m	4 台 5 t 货梯 4 台 3 t 货梯 4 台 1.75 t 消防梯	首层 2000 kg/m² 2 层、3 层 1500 kg/m² 4～10 层 800 kg/m²	生产制造厂房、配套员工公寓、企业展厅、智能餐厅

图 2-2　东实·道滘数智园鸟瞰效果与标准层平面图

图片来源：广州大学建筑设计研究院有限公司。

案例三：信鸿·湾区智谷高端信息研发及生产项目

该项目位于东莞市沙田镇西太隆村，用地性质为新型产业用地（M0），规划总用地面积为 69369.65 m²，容积率为 5.0，计容建筑面积 346848.25 m²，总建筑面积约 406000 m²（见图 2-3、表 2-4）。

图 2-3　信鸿·湾区智谷高端信息研发及生产项目视点效果与标准层平面图

图片来源：信鸿集团官网。

表 2-4　项目经济技术数据

单层面积	层高	电梯	荷载	功能分区
约 8884.15 m²	首层 8 m，2 层 6 m，标准层 4.5 m	2 台 5 t 货梯 6 台 3 t 货梯 4 台 2 t 货梯 2 台 1.6 t 消防梯	首层 1500 kg/m² 2 层 850 kg/m² 标准层 650 kg/m²	生产制造厂房、配套员工公寓、商业配套、智能餐厅

案例四：松山湖（生态园）机器人智能装备制造产业加速器

该项目位于东莞市松山湖，规划总用地面积为 94622.31 m²，容积率为 3.319，计容建筑面积为 314073.54 m²，总建筑面积为 365718.36 m²（见图 2-4、表 2-5）。

 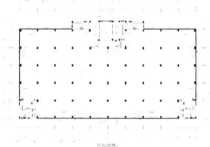

图 2-4　松山湖（生态园）机器人智能装备制造产业加速器鸟瞰效果与标准层平面图

图片来源：东莞市城建规划设计院。

表 2-5　项目经济技术数据

单层面积	层高	电梯	荷载	功能分区
约 4173.17 m²	首层 8 m，2～8 层 5.8 m	2 台 5 t 货梯 2 台 3 t 货梯 4 台 1 t 消防梯	首层 3000 kg/m² 2 层 1500 kg/m² 标准层 1000 kg/m²	研发办公楼、生产厂房、员工宿舍

案例五：万业公司中试育成基地厂房项目

该项目位于惠州市博罗县罗阳街道新村，项目总投资 3 亿元，总建筑面积约 130000 m²，厂房 4 栋，宿舍楼 1 栋，产业类型包括智能制造工厂、新材料、高新技术创业服务中心、产业集聚区配套公共服务平台建设与服务、中试基地、育成基地、工业服务网络平台等（见图 2-5、表 2-6）。

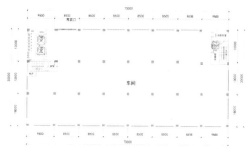

图 2-5　万业公司中试育成基地鸟瞰效果及厂房标准层平面图

图片来源：万禹工程设计有限公司。

表 2-6　项目经济技术数据

单层面积	层高	电梯	荷载	功能分区
2088 m²、3900 m²	首层 6 m，2～4 层 4.8 m，5～9 层 4.5 m	1 台 5 t 货梯 1 台 3 t 货梯 2 台 1.1 t 消防梯	首层 1500 kg/m² 2 层 850 kg/m² 3 层、4 层 650 kg/m² 5 层以上 500 kg/m²	生产厂房、员工宿舍

案例六：君泰·正拓 5G 产业园

君泰·正拓 5G 产业园位于东莞市大朗镇，总用地面积为 69867.52 m²，总建筑面积为 303972.63 m²，其将办公空间和景观空间相互渗透，创造出丰富多样的建筑形态和空间关系。该项目划分为超级工厂区、人才公寓、高级大厦和庭院式企业生态独栋办公四大板块，通过屋顶花园、连廊和建筑外立面等设计手法，将办公、厂房和宿舍各自形成一个完整体，同时相互间又构成了一个有机的整体，凸显了园区良好的整体性和向心性（见图 2-6）。

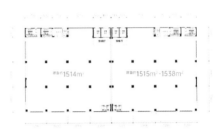

图 2-6　君泰·正拓 5G 产业园鸟瞰效果及标准层平面图

图片来源：招商图册。

案例七：汇讯·湾区创科

该项目坐落于莞深融合发展示范区——大湾区科技成果转化集聚地、深圳北产业转移第一站、粤港澳大湾区核心城市之一的东莞市临深片区塘厦镇内。项目占地 75 亩，总建筑面积约 210000 m²，为汇迅集团打造的"智能制造产业转移升级"高新科技产业园。该项目将打造千亿级电子信息产业集群，以"电子信息 + 电源 + 家用电器"为支柱，聚焦"高尔夫 + 文化旅游"等特色产业（见图 2-7、表 2-7）。

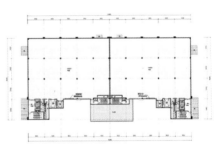

图 2-7　汇讯·湾区创科鸟瞰效果及标准层平面图

图片来源：汇讯集团官网。

表 2-7　项目经济技术数据

单层面积	层高	电梯	荷载	功能分区
2158 m²	首层 8 m，2～9 层 6 m	2 台 5 t 货梯 2 台 3 t 货梯 4 台 1.6 t 消防梯	首层 2000 kg/m² 2 层 1200 kg/m² 3 层以上 1000 kg/m²	生产厂房、员工宿舍、食堂

案例八：信利康乐创谷

信利康乐创谷总建筑面积约 150000 m²，涵盖 10 栋高端生态厂房，围绕智能制造全生态链，依托东莞产业基础，聚焦招引 5G、智能终端、智能装备制造、智慧服务、智慧环保、机器人制造等高端产业，构建集生产研发、总部办公于一体的智能制造全生态链。建筑面积为 1313 ～ 23436 m² 的高标定制厂房，能满足不同企业的生产、科研、办公、仓储等多层次需求；最高 8 m 层高，2000 kg 承重，以"实力、区位、配套、品质、颜值、价格、服务"七项硬件优势和软件服务，打造中堂产业园新"名片"，为企业提供全生命周期服务（见图 2-8）。

图 2-8　信利康乐创谷鸟瞰效果及标准层平面图

图片来源：招商图册。

案例九：东莞中集国际数科城

中集国际数科城，位于东莞中心城区东城街道桑园第三工业区。作为中心城区首个可售"工改 M0"项目，建筑面积约 450000 m²，集智造、研办、居住于一体，规划了云端智造工厂、独栋总部、科创研办、精英住区以及配套商业等。项目规划有东莞楼层最高的"工业上楼"建设项目，19 层工业大厦，采用堆叠式方式，分为低、中、高区，能满足科技企业中试、制造荷载等需求，适合具备高附加值的新兴产业入驻（见图 2-9、图 2-10）。

图 2-9　东莞中集国际数科城鸟瞰效果

图片来源：招商图册。

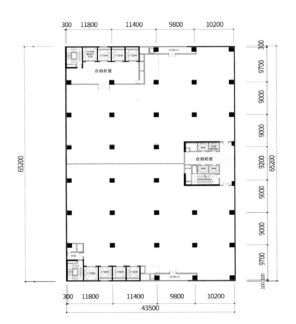

2号楼5~13层平面图

单层建筑面积	2805.72㎡
层高	4.5m
承重	0.85t/㎡
货梯	2台5t、6台3t
柱距	9mX11.4m

图 2-10　东莞中集国际数科城 2 号楼标准层平面图

图片来源：招商图册。

2.4.1.3 总结归纳

　　根据调研及案例来看，目前东莞市面上的产业园以高层厂房为主流，多为集研发、办公、生产、生活等功能于一体的高标准产业园区。厂房的标准层主要面积段在 2000 ～ 5000 m²，平面布局上多为超大柱距，货梯井、楼梯靠墙布局。宽敞方正的空间，方便企业布置生产设备，满足企业成长的多样化需求，助力企业高效研发生产。

　　此外，根据上述资料可以看出，厂房设计的前期考虑了厂房整租、一分二、一分多的情况，能满足各种企业的生产研发需求，有利于厂房按栋、层、层间等固定界线为基本生产单元分割为可以独立使用的空间；注重核心筒——客货梯的优化设计，能有效提高运输、装卸效率。分割后每个基本生产单元仍满足货运客运交通、消防疏散等要求，不同基本生产单元之间设有共用的物流交通、装卸货区、预留设备井道等配套设施。高层厂房的宽度一般在 27 ~ 32 m，长度一般为 50 ~ 80 m（最多可以做到 110 ~ 120 m），可根据实际需求灵活切分组合，以满足各类型企业的需求。

1. 产品户型平面类型归纳

　　产品户型平面类型归纳见图 2-11、表 2-8。

图 2-11　产品户型平面类型归纳

表 2-8　产品户型及案例总结

类型	实际案例	平面组合图示	特点	产业类型
"一"字形	松湖智谷		最普遍的平面户型，单元分割灵活，组合灵活	电子科技
"L"字形	东实数智园		大小面积单元搭配，单元分割灵活，两单元合用核心筒，平面效率较高	数智产业

续表 2-8

类型	实际案例	平面组合图示	特点	产业类型
"U"字形	机器人产业园		内嵌卸货平台，可形成较大面积的户型平面。卸货场地位于厂房中间，有一定的货车噪声、尾气污染	机器人产业
"工"字形	君泰滨海智谷		内嵌卸货平台，两单元共用核心筒，平面效率高；单元划分灵活性相对较小，卸货场地位于厂房中间，有一定的货车噪声、尾气污染	超级工厂及智能智造

2. 产品户型核心筒设置

核心筒内容及相关规定：

生产型厂房平面设计应充分考虑生产工艺需求，核心筒通常配备客梯、货梯、楼梯、洗手间及吊装口等功能，并靠外墙布置，减少对生产空间的占用。

（1）客梯。客梯通常布置在厂房的办公区或前台等位置，方便员工和来访客人进出厂房。客梯的数量和尺寸应该根据厂房的面积和人员流量来确定。

（2）货梯。货梯通常布置在厂房的仓储区或生产区等位置，方便物料和货物的运输。货梯的数量和尺寸应该根据物料的种类和运输量来确定，货梯应与卸货平台对应设置。

除应满足企业使用需求及行业的通用性外，还应符合《水乡功能区工业上楼建筑设计指南（试行）》的规定：

2.1.5.1 首层设置装卸货区域，宜临近货梯设置至少1～2个货物升降平台，方便货物高效运输。鼓励标准层考虑设计物料及产品临时堆放等缓冲空间。

2.2.2.2 应配备不少于2台载重3 t以上货梯，当建筑面积超过30000 m²

时，超过部分按每 15000 m² 设置至少 1 台载重 2 t 以上的货梯 (超出部分不足 15000 m² 时按 15000 m² 计算)。

2.2.2.3 鼓励配备 1 台或以上 5 t 货梯，提高厂房物流运输效率和通用性。

设置要求	荷载	台数	来源
单栋建筑面积 ≤ 5000 m² 且层数 ≤ 5 层	≥ 2 t	≥ 1 台	《广东省高标准厂房设计规范》
5000 m² < 单栋建筑面积 ≤ 30000 m²	≥ 2 t	≥ 2 台	
单栋建筑面积 >30000 m² 后，每增加 9000 m² 需增加电梯数量	≥ 2 t	≥ 1 台	
层数 >5 层时	≥ 3 t	≥ 2 台	
单栋建筑面积 ≤ 30000 m²	≥ 3 t	≥ 2 台	《水乡功能区工业上楼建筑设计指南 (试行)》
单栋建筑面积 >30000 m² 后，每增加 15000 m² 需增加	≥ 2 t	≥ 1 台	
鼓励配备	5 t	≥ 1 台	

（3）楼梯。楼梯通常布置在厂房的主要通道或生产区等位置，方便员工进出厂房和物料的运输。楼梯的数量和尺寸应该根据厂房的疏散距离、人员数量来确定。

（4）洗手间。洗手间通常布置在厂房的办公区、生产区和仓储区等位置，方便员工休息和卫生。洗手间的数量和尺寸应该根据厂房的规模和人员流量来确定，同时需要满足卫生标准。

常见布置模式见表 2-9。

表 2-9　产品户型核心筒设置归纳

项目	集中式	"一"字式	"L"式
图示			

续表 2-9

项目	集中式	"一"字式	"L"式
特点	客梯、货梯分别在平面两端设置出入口，避免生产及办公人员之间的交叉干扰，人货流分开	减少对厂房进深空间的占用，人货流交叉混杂，适用于货运量不大的厂房	减少对厂房进深空间的占用，围合形成电梯厅

3. 平面布局的灵活性考虑

考虑到不同规模生产型企业对不同面积段的需求，在保证任意分割方式都能满足防火规范的面积、建筑疏散距离、出入口数量等消防要求基础上，可根据使用方不同的需求将平面划分不同的面积段进行出租或销售，以满足不同规模企业的需求，满足市场的变化（见表 2-10）。

表 2-10　平面布局归纳总结

类型	标准层	分隔成两户	分隔成三户或者多户
"一"字形			
"L"形			
"U"形			
"工"字形			

2.4.1.4 高质量生产厂房平面分析

综合以上分析，可以看到平面的户型跟产业园区的规划布局息息相关，不同的户型平面可以形成不一样的规划布局，而平面户型又与卸货场地、核心筒布置、厂房面积段、分租模式等息息相关。我们选取了东莞市场上常见的户型进行综合分析。在设计之初，企业可根据自身的实际需求，选取合适的平面布置，以保证产业园区效率的最大化。

1. "一"字形平面分析

"一"字形平面（见图 2-12、图 2-13）形体规整，进深宜采用三跨，自然通风，依规可不设机械排烟，公摊面积少；核心筒位线性单边布置，有较多的货运场地，适合货运量较大的企业；内部生产区域完整，便于生产布线。

核心筒线性布置在厂房的一侧的形式，对生产区域的采光通风有一定的影响，采光通风需求高的生产企业不宜采用。平面的尺度可以根据业主需求进行调整。

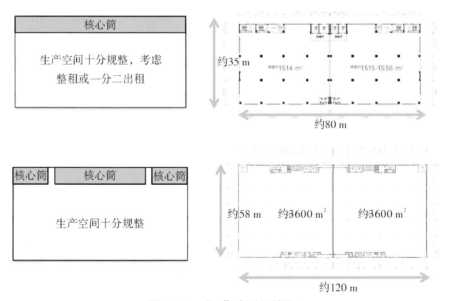

图 2-12　"一"字形平面图 1

端部设置核心筒的形式，南北对流，通风好，兼顾采光，进深三跨；核心筒占用了生产空间的一跨进深，对生产空间的进深有一定的影响；产品产业适配性强，预留了走廊空间，可一分二或一分多，有利于后期灵活分隔。

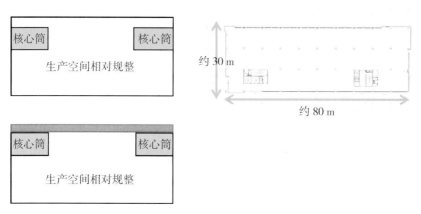

图 2-13　"一"字形平面图 2

2. "L" 形平面分析

"L"形平面（见图 2-14）生产空间形体相对规整，南北对流，采光通风好，可整租、一分二、一分多，布局灵活，有利于后期灵活分隔，可以根据企业的需求进行设计和改造；可以分隔成多个独立的区域，适合多种不同的生产和储存需求；可两两拼合，形成围合庭院；也可与"一"字形厂房拼合，规划布局上形成特色空间。"L"形厂房在造型的处理上有更多的可能性，可以提高企业形象。

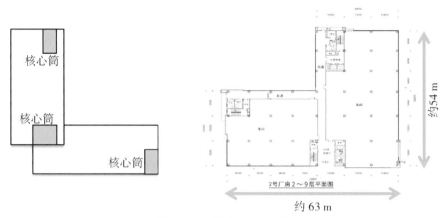

图2-14　"L"形平面图

在单层建筑面积相同的情况下，"L"形平面单侧可布置的生产线距离较短，不利于长生产线的布置。

"L"形厂房适合中小型企业或需要多个独立区域的企业。

3. "U"形平面分析

"U"形厂房（见图2-15）易形成面积较大的平面，生产空间形体相对规整，南北对流，采光通风好，预留了走廊空间，可整租、一分二、一分多，布局灵活，有利于后期灵活分隔，可以根据企业的需求进行设计和改造；可以分隔成多个独立的区域，适合多种不同的生产和储存需求。两两组合，可形成围合或组团的厂房，使土地利用更加集约化。

企业整租时，建筑面积较大。卸货场地位于厂房的凹口位置，较为拥挤，若增加卸货场地，标准层的面积则相应增大，连接处的位置进深较小。

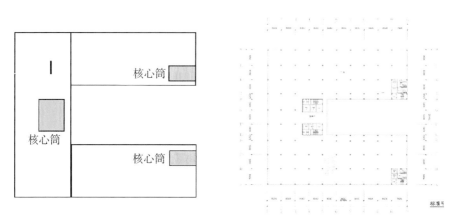

图 2-15 "U"形平面图

4."工"字形平面分析

"工"字形平面（见图 2-16）生产空间形体挺拔方正，两单元共用核心筒，平面实用率较高。南北对流，采光通风好，核心筒露明，可设置空中花园，进一步提升空间品质，核心筒凹口空间形成四面采光，增加了生产空间的采光及通风面积。若层数较少，可单栋出租，适应垂直交通分割，方便分户独立管理，顶层可做退台处理，增值空间丰富。

分租的灵活性不是很大，通常情况下，标准层作一分二的分隔。若一分多，为满足消防要求，则会增加较多的走廊空间，导致使用率降低。卸货场地较为拥挤，适用于出货量不是很大的企业及小体量厂房。

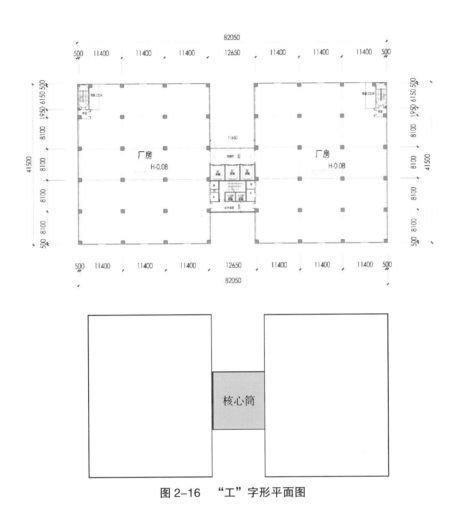

图 2-16　"工"字形平面图

2.4.2 建筑层高研究与分析

在厂房设计中，层高是一个非常重要的因素。层高的合理设置不仅可以提高厂房的使用效率，还可以带来更好的工作环境和更高的生产效率。

首先，需要考虑的是厂房的用途。不同的厂房用途对层高的要求是不同的。例如，生产车间需要较高的层高以容纳大型设备和机器人操作。因此，在设计厂房时，需要根据具体的用途来确定层高。

其次，需要考虑的是厂房内部的布局和设备。在布局设计时，需要考虑设备的尺寸和工作空间，以确保设备能够顺利地运转和维护。同时，还需要考虑人员的工作空间和通行路线，以确保工作效率和安全性。因此，在设置层高时，需要综合考虑这些因素。

最后，需要注意的是厂房的结构和材料。较高的层高会增加厂房的结构负荷，因此需要选择合适的结构和材料来支撑厂房。同时，还需要考虑防火和防盗等安全问题，以确保厂房的安全性。

综上所述，在厂房设计中需要根据具体用途、内部布局、结构材料和环境要求等因素来设置合理的层高，这样才能确保厂房的安全性、实用性和生产效率。

2.4.2.1 建筑层高数据分析

东莞的典型产业园建筑层高分析见表2-11。

表2-11 东莞典型产业园建筑层高分析

序号	项目名称	产业	层数	层高（m）	
1	华智新智汇科技园	高端智能设备、电子信息	7	首层	8
				2～7层	4.5
2	中创汇·智盈科技园	高端智能设备、电子信息	7	首层	8
				2～7层	4.5
3	河西片区"工改工4单元"项目	高端智能设备、电子信息、通信设备、新材料		首层	8
				标准层	4.5
4	摩尔顿·未来岛	高端智能设备、生物科技	10	1～6层	6
				7～10层	4.5
5	新硅谷信息产业园	高端智能设备、通信设备、新材料	10	首层	8
				2～5层	6
				6～10层	4.5
6	信利康乐创谷	高端智能设备、通信设备	9	首层	8
				标准层	4.5
7	东实·道滘数智园	高端智能设备、电子信息、新材料	11	首层	7.9
				2～3层	6
				4～11层	4.5

续表 2-11

序号	项目名称	产业	层数	层高（m）	
8	泓海科技产业谷	高端智能设备、电子信息	11	首层	7.9
				2～4层	6
				5～11层	4.5
9	君泰·正拓5G产业园	高端智能设备、电子信息、通信设备、新材料、新能源、生物科技	10	首层	7.9
				2～5层	6
				6～10层	5.2
10	汇讯·湾区创科	高端智能设备、电子信息、通信设备、新材料、新能源	9	首层	8
				2～9层	6
11	联冠先进制造中心	高端智能设备、电子信息	11	首层	8
				2～5层	6
				6～11层	4.5
12	恒动科技园	高端智能设备、电子信息、新材料、新能源	10	首层	7.8
				2～5层	6
				6～8层	5.4
				9～10层	5.2
13	虎门青创育成基地	通用产业	12	首层	7.9
				2～12层	4.5
14	博罗青创育成基地	通用产业	9	首层	6
				2～4层	4.8
				5～9层	4.5
15	虎门大宁生态智慧产业园	通用产业	9	首层	6
				2～3层	5
				4～6层	4.4
				4～9层	4.5
16	领益智能智造科技项目	高端智能设备、电子信息、新材料	9	首层	7.8
				2～8层	5.5
				9层	5.45
17	塘厦龙背岭优质产业空间	通用产业	10	首层	7.9、9
				2～3层	6
				4～10层	4.5

续表 2-11

序号	项目名称	产业	层数	层高（m）	
18	大宁电子智能制造项目	通用产业	10	首层	7
				2 层	6
				3～10 层	4.5
19	优利德产业园	通用产业	6	首层	8
				2～6 层	5
20	高登堡产业园	通用产业	10	1 层	7
				2 层	4.5
				3～10 层	4
21	松山湖（生态园）机器人智能装备制造产业加速器	高端智能设备	6、12	首层	8
				2～6 层	5
				首层	6
				2～12 层	4.5
22	常平时代智汇产业园	高端智能设备	11	首层	6
				2～11 层	4.5

2.4.2.2 工业上楼的相关规范

根据《广东省高标准厂房设计规范》（DBJ/T 15-235-2021）的规定：

5.1.2 高标准厂房的建筑层数不应低于 4 层。

5.1.3 高标准厂房层高除满足行业要求外，首层层高不应小于 6 m，2 层、3 层层高不应小于 4.5 m，4 层及以上层高不应小于 4 m。

根据《水乡功能区工业上楼建筑设计指南（试行）》的规定：

2.2.1 层高

1. 厂房层高宜适当做高以提升厂房通用性，首层 8 m，2～4 层 6 m，5 层及以上楼层 5～5.5 m。

2. 根据生产工艺流程的需要，可进行专题论证后申请其他层高方案。

根据《东莞市现代化产业园区工作指引》的规定：

首层层高不宜小于 6 m，标准层层高不宜小于 4.5 m，标准层采用"一字型"（长条形）布局和"L 型"布局，柱网在 9～10 m 之间，楼面荷载宜大于 7.5 kN/m²。

根据《东莞市城市规划管理技术规定》的规定：

第 2.5.5 条 除机械、传统装备制造类等产业有特殊要求和对安全、消防等有特殊规定的项目外，无行业特殊要求的新建工业、仓储项目或"工改 M1"项目，宜建造多层厂房和中高层厂房；建筑高度不应超过 60 m。M0 等新型产业项目内的厂房建筑高度应符合相关规定的要求。建筑屋顶构架的平均高度不应超过 6 m。

2.4.2.3 综合分析

深入研究东莞常见产业类型并结合相关规定，对其层数及其每层相对应层高的参数设置给出以下建议（见表 2-12）：

表 2-12　东莞常见产业类型建筑层高建议

序号	产业	层数	层高（m）	
1	高端智能设备	9～11	首层	7.8～8
			2～5 层	5～6
			6 层以上	4.5～5
2	电子信息	7～11	首层	6～8
			2～4 层	5～6
			5 层以上	4.5～5
3	新一代信息通信技术	9～10	首层	6～8
			2～5 层	4.5～6
			6 层以上	4.5～5
4	新材料	9～10	首层	6～8
			2～5 层	5～6
			6 层以上	4.5～5
5	新能源	9～10	首层	7.8～8
			2～5 层	5～6
			6 层以上	4.5～5

2.4.3 建筑承重研究与分析

厂房承重是厂房建筑设计中的一个重要参数，需要考虑多种因素，包括建筑结构、荷载分布、地基承载能力等。因此，在厂房建筑设计中，需要专业的设计师和工程师共同参与，以确保厂房建筑的承重能力符合要求。

2.4.3.1 建筑承重数据分析

东莞的典型产业园建筑承重数据分析见表 2-13。

表 2-13　东莞典型产业园建筑承重数据分析

序号	项目名称	产业	荷载（t/m²）	
1	华智新智汇科技园	高端智能设备、电子信息	首层	2
			2～3 层	1
			4～7 层	0.75
2	中创汇智盈科技园	高端智能设备、电子信息	首层	2
			2～3 层	1.5
			4～7 层	0.8
3	河西片区"工改工 4 单元"项目	高端智能设备、电子信息、通信设备、新材料	首层	2
			标准层	0.8
4	摩尔顿·未来岛	高端智能设备、生物科技	首层	2～3
			2～10 层	0.75
5	新硅谷信息产业园	高端智能设备、通信设备、新材料	首层	2
			2～5 层	1.2
			6～10 层	0.85
6	信利康乐创谷	高端智能设备、通信设备	首层	2
			标准层	0.7
7	东实·道滘数智园	高端智能设备、电子信息、新材料	首层	2
			2～3 层	1.5
			4～11 层	0.8
8	泓海科技产业谷	高端智能设备、电子信息	首层	2
			2～4 层	1.2
			5～11 层	0.85

续表 2-13

序号	项目名称	产业	荷载（t/m²）	
9	君泰·正拓 5G	高端智能设备、电子信息、通信设备、新材料、新能源、生物科技	首层	2
			2～5 层	1.2
			6～10 层	0.85
10	汇讯·湾区创科	高端智能设备、电子信息、通信设备、新材料、新能源	首层	2
			2 层	1.5
			3～9 层	1
11	联冠先进制造中心	高端智能设备、电子信息	首层	2
			2～5 层	1
			6～11 层	0.85
12	恒动科技园	高端智能设备、电子信息、新材料、新能源	首层	2
			2～5 层	1.2
			6～9 层	0.85
			10 层	0.5
13	虎门青创育成基地	通用产业	首层	1.5
			2 层	0.8
			3～12 层	0.65
14	博罗青创育成基地	通用产业	首层	1.5
			2 层	0.8
			3～4 层	0.65
			5～9 层	0.5
15	虎门大宁生态智慧产业园	通用产业	首层	2
			2～3 层	0.8
			4～9 层	0.5
16	领益智能智造科技	高端智能设备、电子信息、新材料	首层	2
			2～9 层	1.5
17	塘厦龙背岭优质产业空间	通用产业	首层	2、5
			2～3 层	1
			4～10 层	0.8
18	大宁电子智能制造项目	通用产业	首层	2
			2～3 层	0.8
			4～10 层	0.5

续表 2-13

序号	项目名称	产业	荷载（t/m²）	
19	优利德产业园	高端智能设备	首层	0.8
			2～6层	0.8
20	高登堡产业园	制造业	1～2层	1.2
			3～5层	1
			6～10层	0.5
21	松山湖（生态园）机器人智能装备制造产业加速器	高端智能设备	首层	2
			2～6层	1
22	常平时代智汇产业园	高端智能设备	首层	2
			2～11层	1

2.4.3.2 工业上楼的相关规范

根据《广东省高标准厂房设计规范》（DBJ/T 15-235-2021）的规定：

6.1.2 设计采用的主要活荷载，包括楼（地）面活荷载、屋面积灰荷载、吊车荷载、设备荷载、堆料荷载、贮仓物料荷载、检修荷载以及其他特殊荷载和作用等，应在施工图文件中标明取值。

6.1.3 高标准厂房用于生产的厂房，楼（地）面活荷载的标准值不宜小于表 6.1.3 的规定；当用于生产的厂房有明确的产业类型时，应满足行业要求并适当预留企业未来发展所需荷载。

表 6.1.3 高标准厂房用于生产的厂房楼（地）面活荷载要求

楼层	标准值（kN/m²）
首层	12
2层、3层	8
4层及以上	6.5

注：M0 新型产业用地上建设的产业用房楼（地）面活荷载取值可按各地有关规定执行。

6.1.4 高标准厂房的屋面设备未确定且位置可能灵活布置时，活荷载取值不宜小于 7 kN/m²，其组合值系数应与厂房楼面相同。

根据《水乡功能区工业上楼建筑设计指南（试行）》的规定：

2.6.1 承重能力

1. 楼（地）面承重能力宜首层达到 1500 kg/m²，2～4 层达到 1000 kg/m²，5 层及以上达到 750 kg/m²。

2. 鼓励屋面承重能力达到 900 kg/m² 以上，满足屋面设备布置需求。

3. 鼓励首层部分仓储区域承重达到 2500 kg/m²（首层需要考虑仓储物流需求，层高按 8 m 设计时，按常见物流仓储项目 1500 mm 与 1800 mm 两种货架高度的规格，可放置 5 层货物，等效承重要求达 2500 kg/m²）。

根据《东莞市城市规划管理技术规定》的规定：

第 2.5.7 条 首层地面荷载不宜低于 1200 kg/m²，2、3 层楼层荷载不宜低于 800 kg/m²，4 层以上楼层荷载不宜低于 650 kg/m²。

2.4.3.3 综合分析

结合华创在产业园项目上多年的实践经验，及对东莞产业园相关案例的调研分析，和对东莞产业园的发展预测，我们对五种东莞常见产业类型进行了深入研究，并对其每层荷载的参数设置给出以下建议（见表2-14）：

表 2-14　东莞常见产业类型建筑承重数据建议

序号	产业	荷载（t/m²）	
1	高端智能设备	首层	2～3
		2～3 层	1～2
		4～5 层	0.8～1.5
		6 层以上	0.8～1
2	电子信息	首层	2～3
		2～3 层	1～1.5
		4～5 层	0.8～1.2
		6 层以上	0.8～1

续表 2-14

序号	产业	荷载（t / m²)	
3	新一代信息通信技术	首层	2～3
		2 层	0.7～1.5
		3～5 层	0.7～1.2
		6 层以上	0.7～1
4	新材料	首层	2～3
		2～3 层	1.2～1.5
		4 层以上	0.8～1.2
5	新能源	首层	2～3
		2 层	1.2～1.5
		3～5 层	1～1.2
		6 层以上	0.8～1

2.4.4 建筑柱跨研究与分析

在厂房设计中，柱跨是一个重要的设计要点。柱跨指的是建筑物内部支撑结构的跨越范围。柱跨的大小直接影响建筑物的稳定性和承载能力，因此在设计中需要特别注意。

首先，柱跨的大小应该根据建筑物的用途和所承载的荷载来确定。一般来说，柱跨越大，建筑物的适用范围就越广泛，但是建筑物的结构也会变得更加复杂。因此，在确定柱跨大小时需要综合考虑各种因素，以确保建筑物的稳定性和安全性。

其次，在设计柱跨时需要考虑支撑结构的类型和材料。不同类型和材料的支撑结构对柱跨的承载能力有不同的影响。例如，混凝土框架结构可以支撑较大的柱跨，但是钢结构可以更好地适应复杂的建筑形态和变化的荷载。因此，在选择支撑结构类型和材料时需要综合考虑各种因素。

最后，在设计柱跨时需要考虑建筑物的使用效率和经济性。一般来说，较大的柱跨会增加建筑物的使用效率，但是也会增加建筑物的建造成本和维护成本。因此，在设计柱跨时需要综合考虑建筑物的使用效率和经济性，以确保设计方案的可行性。

　　总之，在厂房设计中，柱跨是一个非常重要的设计要点。设计师需要综合考虑各种因素，以确保建筑物的稳定性、承载能力、使用效率和经济性。只有在充分考虑这些因素的基础上，才能设计出高质量、高效率和经济实用的厂房设计方案。

2.4.4.1 建筑柱跨数据分析

　　关于东莞的典型产业园建筑柱跨数据分析见表 2-15。

表 2-15　东莞典型产业园建筑柱跨数据分析

序号	项目名称	产业	柱距[①]
1	华智新智汇科技园	高端智能设备、电子信息	8.5 m * 10 m
2	中创汇智盈科技园	高端智能设备、电子信息	8.5 m * 10 m
3	河西片区"工改工 4 单元"项目	高端智能设备、电子信息、通信设备、新材料	8.4 m * 10 m
4	摩尔顿·未来岛	高端智能设备、生物科技	8.5 m * 10 m
5	新硅谷信息产业园	高端智能设备、通信设备、新材料	9.5 m * 8.6 m
6	信利康乐创谷	高端智能设备、通信设备	9 m * 9 m
7	东实·道滘数智园	高端智能设备、电子信息、新材料	9 m * 11.5 m
8	泓海科技产业谷	高端智能设备、电子信息	8.8 m * 9 m、8.9 m * 9.4 m
9	君泰·正拓 5G	高端智能设备、电子信息、通信设备、新材料、新能源、生物科技	10.2 m *10.8 m
10	汇讯湾区创科	高端智能设备、电子信息、通信设备、新材料、新能源	9 m * 10 m
11	联冠先进制造中心	高端智能设备、电子信息	8.4 m * 9 m
12	恒动科技园	高端智能设备、电子信息、新材料、新能源	9 m * 9 m

① 指的是两个不同方向的柱网跨度，后文同。

续表 2-15

序号	项目名称	产业	柱距①
13	虎门青创育成基地	通用产业	10.5 m * 8.2 m
14	博罗青创育成基地	通用产业	10 m * 8.7 m、 10 m * 8.5 m
15	虎门大宁生态智慧产业园	通用产业	8.4 m * 8.4 m、 8.6 m * 9.6 m
16	领益智能智造科技	高端智能设备、电子信息、 新材料	10 m * 9.7 m
17	塘厦龙背岭优质产业空间	通用产业	10 m * 10 m
18	大宁电子智能制造项目	通用产业	10 m * 10 m
19	优利德产业园	高端智能设备	10 m * 10 m
20	高登堡产业园	制造业	8.5 m * 9 m
21	松山湖（生态园）机器人 智能装备制造产业加速器	高端智能设备	8.25 m * 8.4 m、 8.5 m * 9 m
22	常平时代智汇产业园	高端智能设备	8.4 m * 8.4 m

2.4.4.2 工业上楼的相关规范

根据《广东省高标准厂房设计规范》（DBJ/T 15-235-2021）的规定：

5.2.1 高标准厂房平面应规整、合理，平面设计应考虑基本生产单元分割的灵活性，并应满足每个基本生产单元对不同生产工艺的适应性。

5.2.2 高标准厂房主要进深不宜小于 16 m，柱距不宜小于 8 m。生产设备或产品体积较大的产业类型，其柱距宜取 8～12 m。

根据《水乡功能区工业上楼建筑设计指南（试行）》的规定：

2.1.2 柱距

1. 柱距考虑厂房的通用性和经济性合理取值。

2. 最短柱距不宜小于 8.4 m。

针对设备或产品体积较大的产业，最短柱距宜设置在 9～11 m 区间内。

根据《东莞市城市规划管理技术规定》的规定：

第 2.5.2 条 建筑平面应规整方正，满足工业生产、仓储需要，应留出完整的可供使用的生产和仓储空间，建筑平面一般为大开间设计，主要进深不宜小于 15 m。

2.4.4.3 综合分析

结合华创在产业园项目上多年的实践经验，以及对东莞产业园相关案例的调研分析，和对东莞产业园的发展预测，我们对五种东莞常见产业类型进行了深入研究，并对其厂房柱跨的参数设置给出以下建议（见表 2-16）：

表 2-16　东莞常见产业类型建筑柱跨数据建议

序号	产业	柱距
1	高端智能设备	8.4 m ～ 9.7 m * 9 m ～ 11.2 m
2	电子信息	8.4 m ～ 9.7 m * 9 m ～ 11.2 m
3	新一代信息通信技术	8.4 m ～ 10.8 m * 9 m ～ 11.2 m
4	新材料	9 m ～ 9.7 m * 10 m ～ 11.2 m
5	新能源	9 m ～ 10.8 m * 9 m ～ 11.2 m

第 3 章
高质量发展下东莞产业园设计研究

新兴产业通常需要更加灵活的产业空间,以适应其快速变化的需求。我们通常希望产业空间具有灵活性、创新性、可持续性、数字信息化以及公共空间的营造。

(1)灵活性。新兴产业通常需要更加灵活的产业空间,以适应其快速变化的需求,如可以随时调整空间布局和功能,以适应不同的生产需求。

(2)创新性。新兴产业需要具有创新性的产业空间,以促进创新和合作,如提供灵活的工作环境和设施,鼓励员工之间的交流和协作。

(3)可持续性。新兴产业越来越注重环保和可持续性,因此对产业空间的环保要求也越来越高。例如,使用环保材料、节能设备和可持续的设计理念,以降低能源消耗和碳排放。

(4)数字信息化。新兴产业需要数字化的产业空间,以促进信息共享和数字化生产。这包括提供高速互联网连接、智能化设备和数字化管理系统等,以提高生产效率和质量。

(5)公共空间的营造。引入空中花园及绿化,不仅可以提高员工工作环境的舒适性,也有利于室内的采光和通风。

在产城融合的背景下,高标准厂房的设计可以提升城市的形象和品质。高质量产业园设计可以融合现代化的建筑理念,打造出外观美观、功能齐全、环保节能的厂房建筑,从而大大提升东莞城市的整体形象和品质,使之成为东莞城市形象的一大特色。

高质量的产业空间供给也是东莞营商环境的重要组成部分。是否能够为企业提供良好的产业空间,将直接影响企业在东莞投资和发展的意愿。如果东莞能够提供高质量的产业空间，企业就能够享受到更好的办公环境、更高效的生产流程和更优质的服务，那么，这样的设计将吸引更多的优秀企业入驻，最终推动产业升级和城市发展。

3.1 规划专业篇

产业园建筑空间规划布局原则是指在建设产业园时，对其建筑空间进行规划和布局。其目的是最大限度地优化空间利用效率，提高产业园的经济效益和社会效益。在进行产业园建筑空间规划布局时，需要考虑以下原则：

3.1.1 区位研判

产业园建筑的区位研判需要考虑交通便捷性和配套完善性两个方面。

交通便捷性：选择交通便捷、交通网络完善的区域建设产业园，以方便员工和物流运输。

（1）城市道路的交通便利程度会影响产业园的交通运输效率和成本，进而影响产业园的发展和竞争力；同时，项目用地周边道路也决定了车行流线、出入口的设置。

（2）铁路交通和高速公路的便利性能提高产业园内企业的物流运输效率，缩短运输时间，降低运输成本。

（3）公共交通的便利性可以提高产业园的交通效率，增加人员流动性，方便员工和客户的出行，从而吸引更多的人才和客户。

配套完善性：选择配套完善的区域建设产业园，有利于提高产业园的产业集聚效应。周边的配套设施包括商业、餐饮、住宅、医疗等，设施的完善能为员工和客户提供更完善的生活服务，从而更好地吸引员工就业与客户落户、投资。

当周边配套薄弱时，产业园建筑的设计应增加以下 3 个方面的配套措施：

（1）服务设施。在产业园内增设餐厅、超市、银行、医院等服务设施，为企业和员工提供便利。

（2）绿化环境。在产业园内增设绿化带、花坛等绿化设施，提高产业园的环境质量和景观效果。

（3）智能化系统。在产业园内增设智能化系统，提高企业的管理水平和效率。

当周边配套薄弱时，设计产业园项目时应更多考虑人性化的设计，为企业和员工提供更完善的配套服务。

3.1.2 功能分区

根据功能区域进行划分和规划，产业园内主要分为以下三大功能区：

（1）生产区。主要用于企业的生产和加工，包括生产车间、仓库、物流配送中心等。

（2）生活区。主要用于员工的生活和休息，包括员工宿舍、餐厅、健身房、商店等。

（3）研发办公区。主要用于企业的管理和行政工作，包括办公楼、会议室、商务中心、孵化器、实验室等。

产业园的功能分区可采用以下两种模式：

（1）生产区与配套区分区模式（见图3-1）。

将非生产区单独统一设置成配套区，则产业园内总体分为生产区和配套区。这种分区模式，配套区布局较灵活，底层可搭配餐饮、食堂等生活服务设施；区域划分简洁明晰，人行和车行流线布置简单高效。

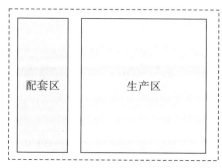

图 3-1　分区示意图 1

（2）生产区、生活区、办公区分区模式（见图3-2）。

将功能分区进行类型化细分为：生产区（包括高标准厂房和工业大厦）、生活区（包括配套宿舍、食堂等生活服务设施）、办公区（包括行政办公、研发试验、商务中心等）。这种分区模式，宜集中布局生产区，以提高产业关联效益与集聚效益。同时，应充分考虑园区的发展形象和对外展示性，将生活、办公等对外有较强互动性的功能沿城市公共通道并结合重要景观线路或者历史文化线路进行布置，形成产业园区门户效应。

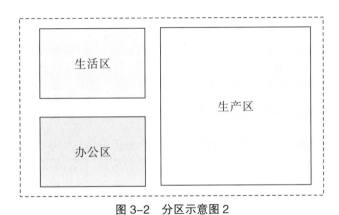

图 3-2 分区示意图 2

结合实际项目规模和业主需求，对产业园建筑的功能分区进行规划和管理，可以提高资源利用效率，优化空间布局，提高企业的生产效率和员工的生活质量。

3.1.3 空间布局

产业园的各个功能区域应该按照业务需求和人员需求进行合理布局，以减少人员流动和物流的时间与成本。不同区域之间应该设置合适的交通枢纽和通道，以方便人员和物品的流动。产业园的空间布局应遵循以下四点原则：

（1）合理规划建筑布局。产业园内的建筑物应该按照业务需求和人员需求进行合理规划与布局，以减少人员流动和物流的时间和成本。不同区域之间应该设置合适的交通枢纽和通道，以方便人员和物品的流动。

（2）创造宜人的工作环境。产业园内的建筑物应该创造宜人的工作环境，包括充足的自然采光、通风、优良的空气质量，以及舒适的温度和湿度等。

（3）优化空间利用率。产业园内的建筑物应该优化空间利用率，避免浪费空间和资源。

（4）绿色环保。产业园内应增加绿化带和景观设计，以提高员工的工作积极性和生产效率，同时也对环境有益。可以采用节能环保的材料和技术，例如太阳能、雨水收集等。

产业园建筑的空间布局方式主要有以下三种：

（1）线性式布局。即将建筑物沿着道路或河流等线性地排列，适用于沿街、沿江等地形条件较好的产业园。这种布局方式不仅可以提高园区的可视性和可达性，而且方便人员和物资的流动（见图3-3）。

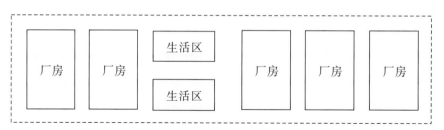

图 3-3　线性式布局示意图

（2）环形式布局。即将建筑物围绕一个中心点或主题公园等环形地排列，适用于功能较为复杂的产业园。这种布局方式可以提高园区的内部联系和互动，并且方便人员和物资的流动（见图3-4）。

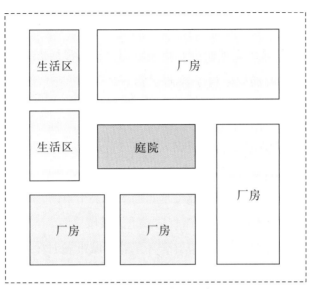

图 3-4 环形式布局示意图

（3）网格式布局。即将建筑物按照网格状的方式排列，适用于规模较大、功能较为单一的产业园。这种布局方式既可以提高园区的灵活性和互动性，又方便企业之间的交流与合作（见图 3-5）。

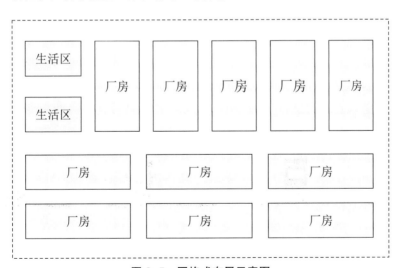

图 3-5 网格式布局示意图

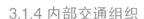

3.1.4 内部交通组织

产业园应该采用合理的内部交通组织方案，包括道路、停车场、人行道等，以减少交通拥堵和停车难问题。

3.1.4.1 出入口

（1）主要的车道、人行道出入口宜分开设置，如因用地条件限制可集中设置并进行有效分隔。

（2）入口及周边界面重点处理，面向主要干道的，其建筑外观宜符合较高的建筑设计标准，致力于打造成重点城市界面。

（3）出入口的位置选择应符合《东莞市城市规划管理技术规定》相关规定。

3.1.4.2 园区内道路

产业园区道路往往需要满足交通流量大、安全性高、便捷性强等要求，同时还要兼顾美观度和环保性。因此，在设计和建设产业园内部道路时，需要考虑多方面的因素。

（1）道路宽度。厂区内主要道路的宽度宜设置为 9～12 m，次要道路宜设置为 6～7 m，支路宜设置为 3.0～4.5 m，消防车道宽度至少 4 m。具体宽度设置根据企业的具体需求而定，大型工厂或仓库可能需要更宽阔的道路来容纳大型货车的进出，而办公楼或商业建筑可能只需要较小的道路（见图 3-6）。

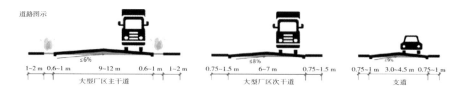

图 3-6　园区道路示意图

依据：《厂矿道路设计规范》(GBJ 22-87)。

（2）转弯半径。厂区内主要道路转弯半径建议预留 20 m（满足大型货车的进场需求，实际以地块的规划限制条件为准）；次要道路转弯半径建议预留 15 m；支路转弯半径建议预留 12 m（满足《建筑设计防火规范》中规定的登高车转弯半径为 12 m）。

（3）道路分类。设置与机动车交通分离的人行慢速路和非机动车道，连接主要生产功能与配套功能，再配合景观营造、服务配套形成尺度适宜、步行友好的园区服务区。

3.1.4.3　人车分流

产业园区内的高效的人车分流方式可以将人员和车辆在产业园内的流动进行分离，以提高交通效率和安全性。

（1）设立人行道和自行车道。在产业园内设置专门的人行道和自行车道，鼓励员工步行或骑自行车上下班，以减少汽车数量，降低交通拥堵和污染（见图 3-7）。

图 3-7　人行道与自行车道分离示意

图片来源：《水乡功能区工业上楼园区规划指南（试行）》。

（2）设立专用通道。在产业园内设置专用通道，将进出产业园的车辆与内部物流车辆进行分离，提高交通效率和安全性。

（3）设立停车场 / 楼。在产业园内设置专门的停车场或停车楼，将停车场与道路进行分离，减少交通拥堵和污染。

（4）限制车辆通行。对于一些特定区域，可以限制汽车通行，只允许物流车辆进入，地下室出入口设置在靠近车行出入口处，使得普通车辆不必进入园区内部，以提高物流效率和安全性。

3.1.4.4 人车分流方式

（1）平面分流。充分考虑人行、车行流线的分流，尽量不重合交叉，避免互相之间干扰，生产组团流线靠近周边交通以加快货流疏导（见图3-8）。

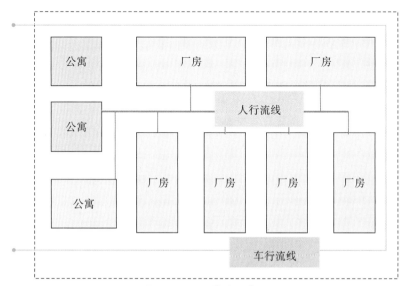

图 3-8　平面分流示意图

（2）立体分流。采取立体分流的交通体系，人员交通系统可考虑设置于 2 层（或以上）建筑间连廊、通廊等，车行系统、货物装卸场地位于地面或地下、半地下（见图 3-9）。

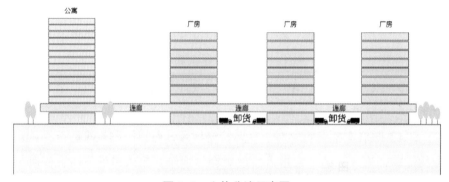

图 3-9　立体分流示意图

3.1.4.5 货运组织

产业园建筑的货运组织方式有以下两种：

（1）集中货运组织方式。即在产业园内设立一个集中式的货运中心，通过集中收发货物，提高货运效率和物流水平（见图 3–10）。

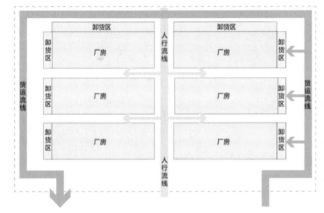

优点：
- 人行流线路径短；
- 外围卸货场地多。

缺点：
- 货运分布四周，影响范用较大；
- 厂房内部连通货运流线较长；
- 厂房内部连通人行货运存在交叉。

图 3–10　外围货运，内侧人行的物流组织模式

图片来源：《水乡功能区工业上楼园区规划指南（试行）》。

（2）外围货运组织方式。即在产业园内各个建筑物设立独立的货运站点，方便货物的快速收发和配送（见图 3–11）。

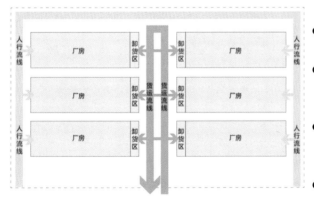

优点：
- 货运流线集中，对厂区外围影响较少；
- 货运集中，厂房内部连通流线有主次划分，组织布局高效；
- 厂房内部连通人行与货运可实现分离；

缺点：
- 外围人行路径较长。

图 3–11　集中货运，外侧人行的物流组织模式

图片来源：《水乡功能区工业上楼园区规划指南（试行）》。

3.1.4.6 卸货方式

目前，厂房的卸货方式主要为短边卸货和长边卸货，选择短边卸货还是长边卸货应该根据具体情况而定，包括建筑物设计、物流需求和货车进出方向等（见图 3-12、图 3-13）。

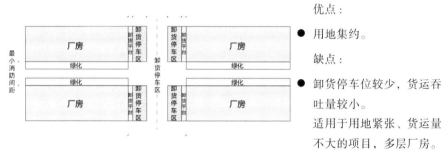

优点：

● 用地集约。

缺点：

● 卸货停车位较少，货运吞吐量较小。

适用于用地紧张、货运量不大的项目，多层厂房。

图 3-12　厂房短边停车卸货示意图

图片来源：《水乡功能区工业上楼园区规划指南（试行）》。

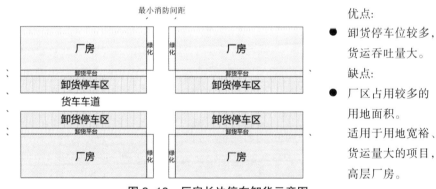

优点：

● 卸货停车位较多，货运吞吐量大。

缺点：

● 厂区占用较多的用地面积。

适用于用地宽裕、货运量大的项目，高层厂房。

图 3-13　厂房长边停车卸货示意图

图片来源：《水乡功能区工业上楼园区规划指南（试行）》。

3.1.4.7 停车方案

随着产业园区的不断发展，停车问题也变得越来越重要。产业园区建筑停车是一个复杂的问题，需要考虑以下几个方面：

首先，需要考虑停车位的数量。根据产业园区建筑的规模和人流量，合理规划停车位数量是非常重要的。同时，还需要考虑停车位的布局和位置，以便为用户提供更加便捷的停车体验。

其次，需要考虑停车管理系统。现代化的停车管理系统不仅可以为用户提供更加便捷的停车服务，如自动缴费、预约停车等，还可以提高停车位的利用率，减少资源浪费。同时，需要考虑停车环境。产业园区建筑停车环境应该舒适、安全、整洁。为了提供更好的停车环境，可以在停车场设置绿化带、景观灯等设施。

最后，需要考虑停车安全。对于产业园区建筑来说，停车安全是至关重要的。可以通过安装监控设备、加强巡逻等措施来提高停车安全性。

停车方式一般分为地面停车和地下停车。地下停车场建设成本高，因为建造地下停车场需要进行大量的土方工程和混凝土浇筑。由于地下室需要承受一定的荷载，因此在建造地下室时需要考虑地面的承载能力。如果地面的承载能力不足，地下室可能会出现下沉和变形的问题，从而影响厂房的稳定性和安全性。因此，设计停车方案的时候，优先考虑在地面上解决停车问题，以降低建设成本。

1. 地面停车

地面停车又分为独立停车区和分散停车区两种模式。

（1）独立停车区。独立停车区是指在产业园内建立一个独立的停车场，为园区内的车辆提供停车服务（见图 3-14）。

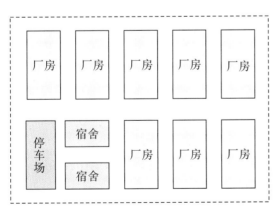

优点：
● 停车位集中，停车管理方便；
● 车辆进出方便，节省时间；
● 可以根据需要进行专门的停车管理和维护。

缺点：
● 建设成本较高，需要占用较大的土地面积；
● 由于停车位集中，可能会造成拥堵和交通压力。

图 3-14　独立停车区示意图

（2）分散停车区。将停车点分散至各个厂房的周边，方便园区内的车辆随时停放（见图3-15）。

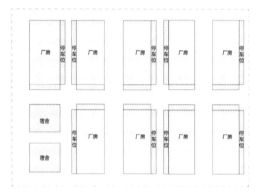

优点：
● 结合货运停车，减少土地占用；
● 分散式停车可以更好地分散交通流量，减少拥堵。
缺点：
● 停车位分散，停车管理相对困难；
● 车辆进出相对不便，需要更多时间。

图 3-15　分散停车区示意图

两种方式各有优缺点，需要根据实际情况选择合适的方案。如果园区内车辆较多，建立独立停车区可以更好地管理和维护停车秩序；如果园区面积较大，分散式停车可以减少车辆行驶距离，节省时间和成本。无论采用哪种方式，都需要考虑停车场的规划、设计和建设等方面，以确保停车场的安全、便捷和高效。

2. 智慧停车

智慧停车作为新兴产业，是缓解停车难和建设智慧城市的重要手段。在为园区提供优质停车服务的同时，配套停车楼也服务于周边小区及商业区，有效减轻城市停车压力，改善城市人居环境，夯实产业载体，增强产业发展新动能，助推本地智慧停车产业发展。

与传统停车场相比机械停车楼有以下优势：

（1）占地面积小，节省空间。机械停车楼可以在有限的土地上停放更多的车辆，因为它们可以在垂直方向上堆叠车辆。

（2）智能化停车，提高效率。机械停车楼可以快速地存放和取出车辆，因为它们使用自动化系统来管理车辆。

（3）降低环境影响。机械停车楼可以在较小的空间内容纳更多的车辆，留出更多的地面用作绿化，从而减少城市中的空气污染和噪声污染。

3.1.5 建筑形象

产业园是一种集聚产业资源、推动科技创新、促进经济发展的载体，其建筑形象是其品牌形象的重要组成部分，应该注重与产业定位、品牌形象、人性化设计和可持续发展相结合，营造出具有特色和吸引力的建筑形象。

（1）建筑造型。建筑造型应该既要符合企业的品牌形象和产业园的整体风格，又要考虑建筑物的功能需求和周边环境。例如，办公楼可以采用流线型的设计，生产车间可以采用简约实用、耐用的设计。

（2）外观设计。外观设计应该既符合企业的品牌形象和产业园的整体风格，同时又考虑周边环境和建筑物的功能需求。例如，办公楼可以采用玻璃幕墙和金属板材的组合，生产车间可以采用窗墙体系。

（3）外立面材料。外立面材料应该符合企业的品牌形象和产业园的整体风格，同时综合考虑材料的耐久性、经济性和环保性。例如，玻璃幕墙可以提供良好的采光效果，但定期清洁维护成本高；混凝土与金属材质可以提供较好的耐久性和安全性，但环保性差。

综上所述，产业园建筑的造型、外观和外立面材料应该综合考虑企业的品牌形象、产业园的整体风格、周边环境、功能需求、耐久性、维护成本和环保性等因素。

为了在节省建设成本的同时保证园区形象，通常将产业园建筑的建筑立面分为展示面与非展示面两个等级。展示面指的是面向主要交通道路或广场的外墙面，需要注重建筑的形式美和品质感，可适当采用幕墙系统，采取一些体块组合的造型手法，使立面更加具有展示性。非展示面指的是不对外展示的墙面，可以采用简洁、实用的设计，如窗墙系统、涂料等。

在设计上，应该根据建筑的功能和定位来确定展示面和非展示面的比例，以达到最佳的经济效益和视觉效果。同时，也要考虑建筑的节能和环保，采用适当的材料和技术来提高建筑的能效和环保性能。

以广深港澳科技创新走廊小河片区新兴产业研发制造项目为例，该产业园以生产为主要目的，故在设计建筑造型时，在沿街一面运用一些设计手法结合局部幕墙的处理，设置了一个标志性的塔楼（见图3–16），特殊的塔楼立面将产业园打造得更具标志性、展示性。

图3–16　特殊塔楼立面效果图

而在产业园内部，建筑立面使用窗墙系统，以实用、简洁为主；造价相对较低的建筑材料使用真石漆、穿孔板等，在西面减少开窗数量。通过几种手段确保产业园区在兼顾展示性的同时，将造价控制在合理的范围。

3.1.6 景观设计

在产业园的建设中，景观设计是非常重要的一环，是一个综合性的工程。它不仅可以提升产业园的美观度，还可以为企业提供一个舒适、宜人的工作环境，从而有利于提高员工的工作效率和促进企业的发展。

在产业园的景观设计中，需要考虑多个因素。首先是地形地貌气候因素，包括地势、土壤、水文、温度、湿度、降雨等；其次需要考虑周边环境、交通组织、建筑风格等因素；最后需要考虑企业的需求和特点。

比如，在高科技产业园中，可以采用现代化、科技感强的设计风格；在生态产业园中，可以采用自然、生态的设计风格。同时，还需要将企业的文化特点和品牌形象融入景观设计中。

在景观设计中，绿化是非常重要的一部分。通过合理的绿化设计，可以增加氧气含量、降低温度、减少噪声等，还可以为员工提供一个舒适、宜人的工作环境，有利于员工的身心健康和工作效率。此外，在景观设计中还需要考虑节能环保因素。比如，在建筑设计中采用节能材料、太阳能发电等技术，可以降低能源消耗和污染排放。

产业园建筑的景观设计，主要涉及生产区和生活区的设计。在产业园区中，生产区是企业进行生产和经营的核心区域，生活区是员工日常生活和休闲娱乐的场所。因此，对这两个区域的景观设计需要有不同的布局设计。

对生产区的景观设计，需要注重实用性和效率性。首先，应该考虑生产设备的布局和规划，以确保生产线的顺畅和安全。其次，应该考虑员工的工作环境和舒适度，比如增加绿化带和景观花园等，为员工提供一个舒适的工作环境。

对生活区的景观设计，则需要更多地考虑居住环境的舒适度和美观度。应该注重社区设施的建设，比如庭院、健身房等，为居民提供丰富多彩的娱乐和休闲活动。此外，还可以考虑社区文化的建设，比如举办各种文化活动和社区聚会等，来增强社区凝聚力和归属感。

总之，产业园建筑的景观设计需要根据不同区域的不同需求进行差异化设计，既要注重实用性和效率性，又要注重居住环境的舒适度和美观度。只有这样才能为企业提供一个良好的生产环境，为员工提供一个舒适的居住环境（见图 3-17）。

图 3-17　建筑产业园景观效果图

3.1.7 智慧园区

随着科技的不断发展，智慧园区已经成了产业园建筑的重要趋势。智慧园区是指采用物联网、云计算、大数据等技术手段，打造出具有智能化、高效化、绿色化等特点的产业园区。它可以为企业提供更加便捷、高效的办公环境，提高企业的生产效率和竞争力。

首先，智慧园区可以提供更加智能化的办公环境。通过物联网技术，将各种设备、设施、系统等进行联网，实现信息共享和互联互通。比如，企业可以通过手机 App 远程控制空调、灯光等设备的开关，实现智能化的办公环境。此外，智慧园区还可以通过人脸识别、指纹识别等技术手段，实现门禁管控和考勤管理，提高企业的安全性和管理效率。

其次，智慧园区可以提供更加高效化的生产环境。通过云计算、大数据等技术手段，实现对生产过程的实时监控和数据分析，从而及时发现问题并进行调整。比如，企业可以通过智能化的仓储管理系统，实现对物流的精细化管理，提高物流效率。此外，智慧园区还可以通过智能化的设备监控系统，实现对设备的远程监控和故障预警，避免生产中断和损失。

最后，智慧园区可以提供更加绿色化的生产环境。通过节能、环保等技术手段，实现对能源和环境的保护和管理。比如，在建筑设计中采用节能材料和技术，实现建筑的节能减排；在生产过程中采用循环利用和废弃物处理技术，实现资源的可持续利用。

智慧园区是未来产业园建筑的发展方向。它可以为企业提供更加智能化、高效化、绿色化的生产和办公环境，提高企业的核心竞争力和可持续发展能力。智慧园区主要包括智慧生产、智慧生活、智慧交通。

3.1.7.1 智慧生产

设置智能仓库系统，使其具有整合智能库位检测系统、中控调度系统、无人驾驶模块等功能，实现智慧仓储、智慧物流（见图 3-18）。

各监测点安置水质污染监测仪、大气污染监测仪、噪声污染监测仪等智能设备，实现智能环保，保障公共卫生安全、安防与消防安全（见图 3-19）。

图 3-18　智慧园区可视化管理平台

图片来源：https://film.szonline.net/game/20220111/202201165291.html。

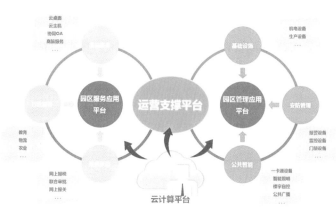

图 3-19　智能管理系统

图片来源：https://www.kangwosi.cn/news/127.html。

3.1.7.2 智慧生活

（1）智能化公共安全系统。包括入侵报警系统、视频安防监控系统、出入口控制系统、停车场管理及车位引导和反向寻车系统、电子巡更系统、无线对讲等。

（2）智能生活服务平台。通过整合 AI 生活服务引入大数据和人工智能技术，提供智能化的服务，例如智能客服、智能导航、智能安防等，提高服务的质量和效率（见图 3-20）。

图 3-20　智慧公寓管理平台

图片来源：https://zhuanlan.zhihu.com/p/510672906。

（3）智能化公寓。通过智能家居系统，实现住宅内各种设施的互联互通，例如智能门锁、智能照明、智能窗帘等，提高居住的舒适度和便利性（见图 3-21）。

图 3-21　智能化公寓效果图

图片来源：https://zhuanlan.zhihu.com/p/510672906。

3.1.7.3 智慧交通

（1）建设智能交通管理平台，在道路上布置智能设备检测和采集交通信息，为产业园区提供出行导览、交通热力图、智能停车、人脸识别、车牌识别、无感支付、来访接待、园区生产物流智能监测疏导等（见图 3-22）。

（2）智能停车系统。利用物联网技术和传感器等设备，实现停车场的智能化管理，包括车位的实时监测、导航引导、预约等功能，提高停车场的使用效率和服务质量（见图 3-23）。

通过以上措施，实现产业园区智能化，提升管理效率，优化资源利用，并提供更智慧、便捷的服务和体验。

停车管理系统
自动计时计费、锁车检测、
分时段禁入、手动抬杆、
特殊车辆放行、无牌车辆管理

应急辅助 PDA
断网断电应急管理、
入场拍照、出场收费

停车 SAAS 管理系统
运营状况展示、月卡管理、
财务对账、人工操作监管、
数据挖掘、可视化呈现

对外接口

收费
人员

管理
人员

基础设施

停车大数据
平台

交管
部门

车主

数据报送系统
数据采集
数据报送

微信公众号
停车缴费
活动信息推送

车主手机App
车位查找、车位预约、
车位导航、计费查询、
自动缴费、一键锁车

前端数据采集系统
停车场停车

图 3-22 智能交通管理平台

图片来源：https://mp.weixin.qq.com/s/Xkh7HjLQnRQ1bT-4KwQyIg。

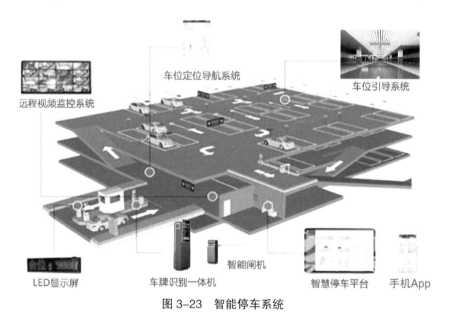

车位定位导航系统

车位引导系统

远程视频监控系统

LED显示屏

车牌识别一体机

智能闸机

智慧停车平台

手机App

图 3-23 智能停车系统

图片来源：https://zhuanlan.zhihu.com/p/8702378。

3.2 建筑专业篇

产业园项目的标准化厂房具有高通用性、高集约性等特点，主要是为中小企业的集聚发展提供生产经营场所的非定制化高标准厂房。和普通的工业厂房项目相比，由于使用对象的不确定，难以在立项之初就确定厂房具体的生产工艺流程及具体的设计条件，这就要求在设计过程中对通用性有足够的重视，在构造做法、管井预留、室内净高等问题上适当留有余地，以适应不同的生产工艺流程的要求。同样由于使用对象的不确定，经济性也不能忽视，必须在满足使用要求的前提下尽力控制成本，保证项目能成功实施运作。

产业园项目的建筑施工图包含的内容很多，难以逐一详尽论述，但我们结合实际工程项目经验，总结了一些经济、可靠的做法。

3.2.1 地下室部分

对于产业园项目而言，地下室是为了满足政府规划指标和项目配套要求而必须建设的产品。地下室的主要功能是车库，其次是设备用房如通排风机房、消防水泵房、消防水池及生产所需的其他设备用房等。车库通常会占据绝大部分的地下室面积。由于产业园项目的车位只能租赁，不能销售，充足的车位对项目招商有利，但是对产业园项目而言回款周期长、资金利用效率低。从经济角度而言，控制地下室规模、提高地下室使用效率、合理降低建设成本，对产业园项目的运作有重要的意义。

3.2.1.1 地下室的规模控制

2022 年 7 月，东莞市自然资源局印发了《关于调整〈东莞市城市规划管理技术规定〉停车配建要求的通知》，将一类工业用地 / 二类工业用地（容积率＜ 3.5，不包括可分割销售的工业用地）的车位配建指标由 0.2 车位 /100 m² 建筑面积调整为 0.3 车位 /100 m² 建筑面积；将一类工业用地 / 二类工业用地（容积率≥ 3.5 和可分割的工业用地）车位配建指标由 0.2 车位 /100 m² 建筑面积调整为 0.6 车位 /100 m² 建筑面积。

由以上要求可知，东莞市产业园项目的地下室规模必然会大幅增加。想要降低产业园项目地下室的土建成本，只有控制地下室面积和降低地下室层高两条途径。

1. 控制地下室面积

地下室的面积主要是由停车位的数量控制的。在保证车位数量的前提下，控制地下室面积只能通过降低单车位地下室面积来实现，单车位地下室面积 = 地下室总建筑面积 / 地下室总停车位数，通常在每车 35 m² 左右。

我们可以通过优化行车流线，结合柱网优化车位排布，合理布置设备用房以减少其对车位的影响等方式，最大限度地提高地下室停车效率。

地下室的土建成本在 3600 ～ 4000 元 / m²（含基坑支护费用），以 400 个车位的地下室为例，单车位地下室面积每下降 1 m²，地下室造价就可以下降 144 万～ 160 万元。

2. 降低地下室层高

地下室的层高主要是由结构高度、设备安装高度和停车高度三部分组成，其中，停车高度规范要求最小为 2.2 m，为考虑用户的使用感受，通常控制在 2.3 m。因此，能够优化的只有结构高度和设备安装高度（见图 3-24）。

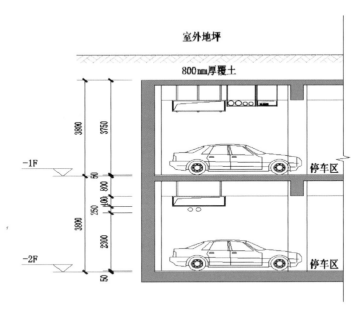

图 3-24　地下室层高示意图

　　结构高度主要受柱距及首层地面荷载影响，产业园厂房柱距常用值为 8 ～ 10 m，梁高通常在 0.8 m 左右。

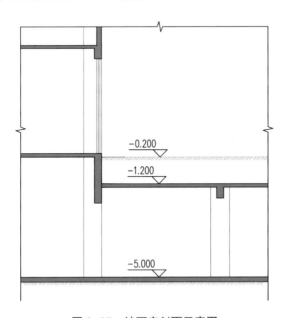

图 3-25　地下室剖面示意图

地下室在楼栋之间或厂房主体投影之外的部分，则可根据平面车位的布置情况，适当减小柱距，降低梁高。由于室外部分的地下室顶板上方通常会有 0.8 ~ 1 m 的覆土（覆土是为了满足规划条件绿化率要求和室外给水、雨水、污水、强电、弱电等管道埋设需要），室外地面和室内地坪之间还有 0.2 ~ 0.3 m 的高差（见图 3-25），厂房主体投影内的地下室的层高会高 1 ~ 1.3 m。所以，只要楼栋之间或厂房主体投影之外的部分地下室层高能降低，地下室的整体层高就能降低。地下室顶板下的设备管线主要是通排风管、电缆桥架和消防喷淋管道，其中，通排风管的高度为 0.4 m 左右，电缆桥架和消防喷淋管的安装高度为 0.25 m 左右，电缆桥架和喷淋管道可以与通排风管道并排安装（见图 3-26），0.25 m 是为管线交叉时预留的转弯空间。在设计时可以采用 BIM（building information modeling，建筑信息模型）等技术手段，进行管线综合设计，通过减小此部分高度来减小地下室的层高。

图 3-26　地下室示意图

图片来源：https://bbs.zhulong.com/102010_group_774/detail32356774/?sceneid=threaddetail-thread。

地下室层高每减少 0.1 m，其单方造价可以减少 25 ~ 35 元，但压缩通排风管和设备管线的安装高度也会增加施工难度和造价，需要业主和设计方整体权衡考虑。

3.2.1.2 地下室防水

地下室防水的主要目的是防止地下室受到外部地下水源的侵入和渗透，保证地下室的干燥和安全。如果防水不到位，就会出现漏水、潮湿、发霉等情况，影响地下室的使用和观感，更严重时甚至会危害建筑主体的结构安全。

地下室防水工程在设计中要遵循防、排、截、堵相结合，刚柔相济，因地制宜，综合治理的原则，努力达到定位准确、方案可靠、施工方便、经济合理，使防水层与工程主体尽可能寿命相等。根据现行的防水设计规范，地下室防水至少需要一道防水卷材、一道防水涂料或防水砂浆、结构自防水三层防水措施。常见做法是以现浇防水混凝土顶板、侧壁和底板来作为主要的抗水压和自然防水（结构自防水），辅以防水涂料进行补充和加强，再以防水卷材作为迎水面和挡水依据。

1. 地下室顶板防水构造做法

（1）地下室顶板受绿化及自然降水影响，成为地下室防水的难点和要点，防水应该适当加强，多道设防。"标准型"建议具体做法见图 3-27（从上到下）。

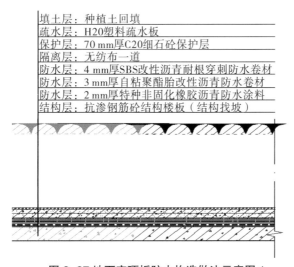

图 3-27 地下室顶板防水构造做法示意图 1

"标准型"做法设有两道防水卷材、一道防水涂料和结构自防水。其优点是防水可靠性较高；缺点是为了满足新规需要增加一道卷材防水层，增加材料及施工费用。

（2）当受造价限制，需要适当降低标准时，也可以选用"经济型"做法见图 3-28（从上到下）。

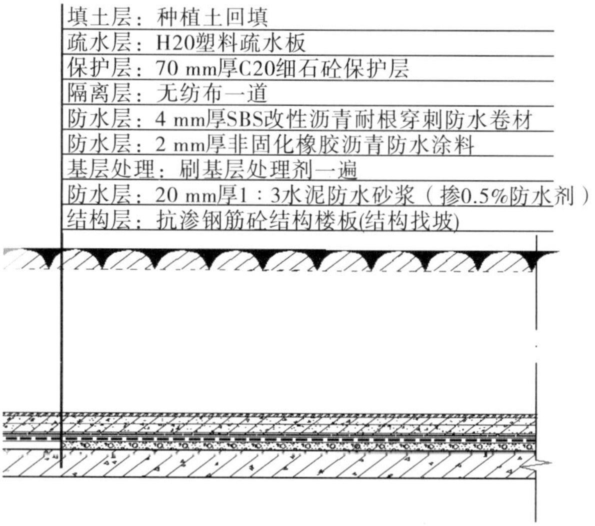

| 填土层：种植土回填 |
| 疏水层：H20塑料疏水板 |
| 保护层：70 mm厚C20细石砼保护层 |
| 隔离层：无纺布一道 |
| 防水层：4 mm厚SBS改性沥青耐根穿刺防水卷材 |
| 防水层：2 mm厚非固化橡胶沥青防水涂料 |
| 基层处理：刷基层处理剂一遍 |
| 防水层：20 mm厚1：3水泥防水砂浆（掺0.5%防水剂） |
| 结构层：抗渗钢筋砼结构楼板(结构找坡) |

图 3-28 地下室顶板防水构造做法示意图 2

上述"经济型"做法，设有一道防水卷材、一道防水涂料、一道防水砂浆和结构自防水。其优点是经济性较好；缺点是防水砂浆施工及后期养护难度较大，对施工人员技术和施工单位现场管理水平要求较高。

2. 地下室侧壁防水构造做法

（1）地下室侧墙的防水是地下建筑防水的要点，尤其在地下水位较高时更需注意。从外到内应至少有一道防水卷材或防水涂料以及自防水混凝土结构侧壁。"标准型"建议具体做法见图 3-29（从外到内）。

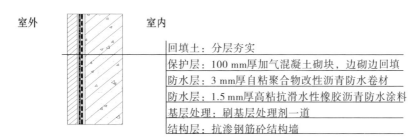

<table>
<tr><td>室外</td><td></td><td>室内</td></tr>
</table>

回填土：分层夯实

保护层：100 mm厚加气混凝土砌块，边砌边回填

防水层：3 mm厚自粘聚合物改性沥青防水卷材

防水层：1.5 mm厚高粘抗滑水性橡胶沥青防水涂料

基层处理：刷基层处理剂一道

结构层：抗渗钢筋砼结构墙

图 3-29　地下室侧壁防水构造做法示意图 1

上述"标准型"做法，设有一道防水卷材、一道防水涂料和结构自防水，采用加气砼砌块作保护层。其优点是两道防水层外有加气混凝土砌块保护，后续施工及回填过程中防水层损坏风险较小，整体可靠性较高；缺点是成本较高，且采用加气混凝土砌块保护层，材料及施工费用较高。

（2）当受造价限制，需要适当降低标准时，也可以选用"经济型"做法，见图 3-30（从外到内）。

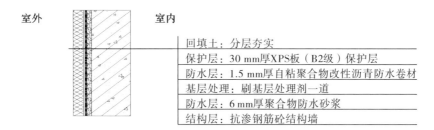

回填土：分层夯实

保护层：30 mm厚XPS板（B2级）保护层

防水层：1.5 mm厚自粘聚合物改性沥青防水卷材

基层处理：刷基层处理剂一道

防水层：6 mm厚聚合物防水砂浆

结构层：抗渗钢筋砼结构墙

图 3-30 地下室侧壁防水构造做法示意图 2

上述"经济型"做法，设有一道防水卷材、一道聚合物防水砂浆和结构自防水，采用 XPS 板作保护层。其优点是经济性较好，挤塑聚苯板保护层施工较快。缺点：一是聚合物防水砂浆施工对施工人员技术水平要求较高；二是挤塑聚苯板保护层强度较低，后续施工过程中容易损坏，继而损坏防水卷材，需要加强施工管理，进行保护。

3. 地下室底板防水

（1）地下室底板高低错落，变化较大，且有桩头、基坑、埋管等错综复杂的节点。底板防水应采用多道设防，并注重各节点处理，以保证防水效果。"标准型"建议具体做法见图3-31（从上到下）。

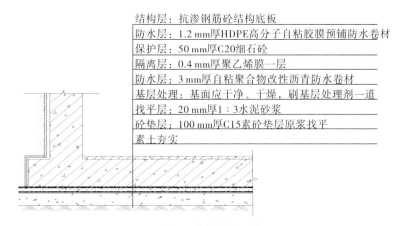

结构层：抗渗钢筋砼结构底板
防水层：1.2 mm厚HDPE高分子自粘胶膜预铺防水卷材
保护层：50 mm厚C20细石砼
隔离层：0.4 mm厚聚乙烯膜一层
防水层：3 mm厚自粘聚合物改性沥青防水卷材
基层处理：基面应干净、干燥，刷基层处理剂一道
找平层：20 mm厚1：3水泥砂浆
砼垫层：100 mm厚C15素砼垫层原浆找平
素土夯实

图3-31 地下室底板防水示意图1

上述"标准型"做法，设有两道防水卷材和结构自防水。其优点是防水可靠性较高；缺点是为了满足新规需要增加一道卷材防水层和相应的混凝土保护层，材料费用较高及施工周期稍长。

（2）当受造价限制，需要适当降低标准时，也可以选用"经济型"做法，见图3-32（从上到下）。

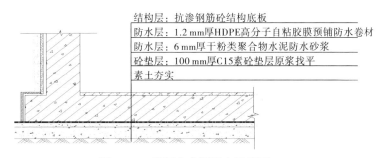

结构层：抗渗钢筋砼结构底板
防水层：1.2 mm厚HDPE高分子自粘胶膜预铺防水卷材
防水层：6 mm厚干粉类聚合物水泥防水砂浆
砼垫层：100 mm厚C15素砼垫层原浆找平
素土夯实

图3-32 地下室底板防水示意图2

上述"经济型"做法，设有一道防水卷材、一道聚合物防水砂浆和结构自防水。其优点是经济性较好；缺点是聚合物防水砂浆施工及后期养护难度较大，对施工工艺控制和施工人员技术水平要求较高。

4. 地下室常见渗漏原因及处理方案

地下室渗漏的问题在实际项目中，尤其是大型地下室的项目中十分常见，其中最常见的主要有以下三类：

（1）施工缝渗漏。大型地下室的混凝土浇筑工作不可能一次完成，必定是分批次、分区域逐步完成的。这样在不同批次、不同区域浇筑的混凝土之间就会形成施工缝。如果施工缝留设位置不当；施工缝清理不净，新旧混凝土未能很好结合；或者钢筋过密，混凝土捣实有困难等，都有可能形成缝隙，导致漏水、渗水（见图 3-33）。如地下室侧壁与底板的结合处是实际工程中最常见的施工缝渗漏的位置。

图 3-33　常见的施工缝渗漏的位置

图片来源：https://www.163.com/dy/article/GDBDNR4J0534JG73.html。

虽然是施工原因造成的渗漏，但是如果在设计中对此部位适当加强，可以减小此部位渗漏的风险。

施工缝建议采用成品 3 mm 厚钢板止水带，外涂 1.5 mm 抗滑移水性橡胶沥青防水涂料，防水构造做法见图 3-34。

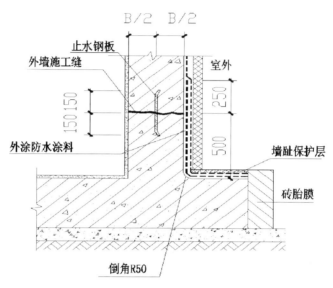

图 3-34　施工缝防水构造做法示意图

防水构造优点说明：①水平施工缝应留置在受剪力较小且便于施工的位置，规范是要求底板往上不小于 300 mm，考虑到挂模方便，建议取 500 mm；②外涂防水涂料，规范是要求施工缝上下各 200 mm，从施工缝以上 250 mm 开始向下延伸至底板上部转角处，且采用抗滑移水性橡胶沥青防水涂料，能很紧贴主体侧壁，避免串水。

（2）裂缝渗漏。裂缝渗漏是指出现在地下室地面、侧壁和顶板的规模较小、形状也不规则的漏点，由于有抹灰层的遮挡，有时甚至看不出裂缝的形状，只有大片的湿迹（见图 3-35）。

图 3-35　地下室渗漏情况

图片来源：https://wei3000.b2b168.com/shop/supply/170631193.html。

导致混凝土裂缝的因素有很多，包括干缩、温度、水泥用量过大或水泥安定性不好等。地下室防水混凝土所用水泥必须经过检测，杜绝使用安定性不合格的产品。混凝土配合比由试验室提供，并严格控制水泥用量。对于地下室底板等厚大体积的混凝土，应遵守大体积混凝土施工的有关规定，严格控制温度差。

施工图设计时应综合考虑不利因素，使结构具有足够的安全度，并合理设置变形缝以适应结构变形。根据以往的项目经验，地下室外墙转角处，由于温度和收缩的作用特别容易产生应力集中而导致墙体开裂。为了防止此类裂缝产生，在设计转角处时可以增加适量的抗裂钢筋承受集中应力。

（3）管道穿墙处渗漏。管道穿墙处渗漏是指各种穿过地下室侧壁或者顶板的设备管道、管线周边甚至本身发生渗漏。它也是实际工程中常见的情况，产业园项目地下室内的设备房及管线更多，更需要对此高度重视（见图 3-36）。

图 3-36　管道穿墙处渗漏情况

图片来源：https://www.sohu.com/a/341481309_99904629。

导致管道穿墙处渗漏的主要原因分为两类，一类是套管原因：如预埋套管过密，埋件周围混凝土振捣不密实；在混凝土终凝前碰撞预埋套管，使预埋件松动；套管止水环焊接不到位；预埋套管自身有裂缝、砂眼等。这些情况都可以通过加强施工管理来减少。

另一类是套管内封堵不到位。实际工程中常出现在电缆管道中，由于室外电缆沟侧壁及底板均不做硬化，设计时考虑雨水缓慢渗透到土层之中（见图 3-37），在电缆周边设有细沙保护层。

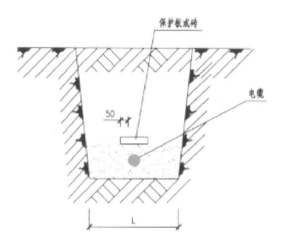

图 3-37　室外电缆沟截面示意图

图片来源：国家建筑标准设计图集 12D101-5《110 kV 及以下电缆敷设》。

当遇到暴雨或多天连续降雨时，细沙保护层中就会蓄满水，此时如果电缆与套管之间的缝隙防水封堵不到位，雨水就会顺着缝隙流入地下室中。

虽然这种情况主要也是因为施工原因，但是设计也可以采取措施进行预防，如在总图设计时结合场地高差变化合理布置电缆沟走向，让电缆沟接入地下室的位置在电缆沟整体中处于比标高较高的位置；或在电缆沟进入地下室位置的附近增设一处底部设集水坑的检修井，集水坑内设置潜水泵及浮球开关将积水自动强排至周边雨水井（沟）内，这样就可以有效降低这种情况的发生概率。

3.2.2 外墙及外墙面做法

产业园项目的外观设计是方案阶段的工作，建筑专业的任务是将方案的设想变成尽可能完美的实施方案。经济性要求我们设计时采用常用、经济和可靠的材料和施工工艺。

3.2.2.1 外墙墙体材料及做法

产业园项目的外墙通常是由结构柱、梁、剪力墙、轻质砌块墙和现浇混凝土墙等部分组成，部分标准较高的产业园项目也会考虑在局部使用玻璃幕墙。常见的轻质砌块有混凝土小型空心砌块、轻集料混凝土小型空心砌块、蒸压加气混凝土砌块等，其中蒸压加气混凝土砌块使用最为广泛，主要用于填充结构梁、柱及窗洞之间的部位。现浇混凝土墙主要用于有防水要求的部位，如屋面女儿墙等。

（1）外墙需要满足保温、防水等各种技术要求。广东属夏热冬暖地区，常年平均气温较高，保温难度低，通常在混凝土柱和梁等热桥内墙部位粉刷 20～30 mm 厚保温砂浆（外墙内保温）即可满足要求。广东地区潮湿多雨，防水要求较高，常用做法是通过采用聚合物防水砂浆和聚合物防水涂料来满足要求。为保证防水效果，"标准型"做法见图 3-38（从内向外）。

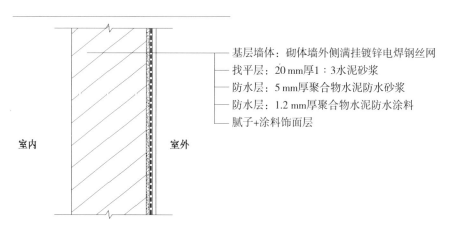

基层墙体：砌体墙外侧满挂镀锌电焊钢丝网
找平层：20 mm厚1∶3水泥砂浆
防水层：5 mm厚聚合物水泥防水砂浆
防水层：1.2 mm厚聚合物水泥防水涂料
腻子+涂料饰面层

室内　　室外

图 3-38　外墙防水做法示意图 1

"标准型"做法，设有一道聚合物防水砂浆和一道聚合物防水涂料。其优点是防水可靠性较高，缺点是多道防水做法增加材料及施工费用。

（2）当受造价限制，需要适当降低标准时，也可以选用"经济型"做法，见图 3-39（从内向外）。

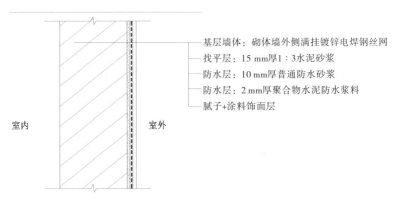

基层墙体：砌体墙外侧满挂镀锌电焊钢丝网
找平层：15 mm厚1：3水泥砂浆
防水层：10 mm厚普通防水砂浆
防水层：2 mm厚聚合物水泥防水浆料
腻子+涂料饰面层

室内　　　室外

图 3-39　外墙防水做法示意图 2

"经济型"做法中有一道防水砂浆层并利用砂浆找平层兼做防水层。其优点是造价较低；缺点是防水砂浆施工及后期养护难度较大，对施工人员技术和施工单位现场管理水平要求较高。

3.2.2.2 外墙面装饰材料及做法

目前，市面上常见的外立面材料的综合单价从几十元到上千元不等，不同材料之间的成本差距较大，产业园项目在外立面装饰材料的选材上应综合考虑项目定位、造价控制、施工技术等多方面因素，在确保实施效果的同时尽量降低建设费用。

以下是各种立面装饰材料的造价列表（从严格定义来说，真石漆也是涂料的一种，只是在实际工程中被大量使用，为和其他涂料区分，特单列一项）（见表 3-1）。

表 3-1　各种立面装饰材料的造价

材质	综合单价
涂料	$40 \sim 70$ 元 / m^2
真石漆	$100 \sim 150$ 元 / m^2
面砖	$100 \sim 130$ 元 / m^2
铝板	$600 \sim 1000$ 元 / m^2
干挂石材	$800 \sim 1200$ 元 / m^2
玻璃幕墙	$1000 \sim 1800$ 元 / m^2

在实际操作中，大多数产业园项目的外墙面装饰材料均是以涂料、真石漆、面砖为主，可能在重点部位少量使用铝板或石材。在空调机位、设备平台等被百页遮挡的部位，也可以不做涂料，做两道防水腻子即可。

1. 外墙涂料

涂料是由主要成膜物质、次要成膜物质和辅助成膜物质构成的。

主要成膜物质又称基料，通常为油脂或树脂，是决定涂膜性能的主要因素，可以单独成膜，也可以粘接颜料等成膜物质，常见的如丙烯酸树脂、聚氨酯树脂等。

次要成膜物质包含颜料、填料和增塑剂。颜料形成涂料的色彩。填料的主要作用是增大涂膜厚度，增加涂膜的耐久性及硬度，降低涂膜的收缩率，常见填料如真石漆所用的石粉，质感涂料所用的石英砂等。增塑剂主要是提高涂膜短期的柔韧性。

辅助成膜物质包含各种溶剂和助剂。溶剂（如香蕉水、松香水等或水）的作用是调节涂料的黏度及固体分含量。使用水为溶剂的涂料又被称为水性涂料，水性涂料无毒，可在初步干燥的基层上涂刷，水分可透过涂刷向外挥发不至于引起涂层鼓起破坏，有利于加快施工进度，缩短工期。助剂是对涂料形成涂膜的过程或涂膜性能起辅助作用。

产业园外墙涂料主要有乳胶漆、真石漆、质感涂料等，是由完成效果来区分的。

（1）乳胶漆。乳胶漆（见图 3-40）主要有聚醋酸乙烯乳胶漆、乙丙乳胶漆、纯丙烯酸乳胶漆等品种，具有经济性好、工期短节省施工费用、透气性优良、环保无异味、耐洗刷等优点，还可以做出无光、哑光等各种效果。其缺点是无弹性，无防开裂作用。

（2）真石漆。真石漆（见图 3-41）主要使用纯丙烯酸树脂为基料，天然石粉为填料，水为溶剂。优点是装饰性强、色泽自然，可以仿大理石、花岗岩等各种效果。由于是水性涂料，其也有透气性优良、环保无异味、耐洗刷等优点。其缺点是无弹性，由于涂层较厚，相比乳胶漆更容易开裂。

（3）质感涂料。质感涂料（见图 3-42）的填料为石英砂，相比于真石漆，仿石效果较差、色彩单调（多数情况下为单色，复色成本较高），但是可以做出多种不同的立面肌理，装饰效果丰富，造价比真石漆便宜，涂层比乳胶漆厚、比真石漆薄，开裂情况也介于二者之中。

图 3-40　乳胶漆示意图　　图 3-41　真石漆示意图　　图 3-42　质感涂料示意图

2. 外墙面砖

外墙面砖（见图 3-43）是以黏土或高岭土为主要原料，经过配料、压制成型、焙烧及表面处理而成的。根据其基本物理性能和材料组成，可分为陶类和瓷类两个大类。

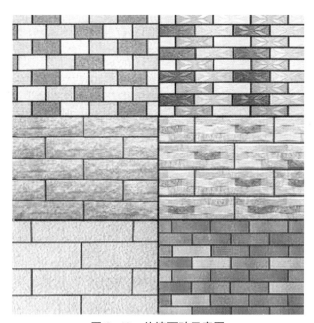

图 3-43　外墙面砖示意图

图片来源：https://www.1688.com/huo/detail−671025330530html?spm=a262i4.9164788. zhaohuo−list−offerlist.19.5a1e175bkvVhur。

产业园项目常用的是普通瓷类的釉面砖，有方块和长方块两种形式。方砖小而灵巧，适用于高层厂房，一般采用齐丁铺法，常用规格有 45 mm × 45 mm、73 mm × 73 mm、100 mm × 100 mm 等。长方块相对大而且重，但铺法变化较多，常用规格有 60 mm × 120 mm、60 mm × 200 mm 等。

外墙面砖的优点主要是色彩鲜艳，质感好，可以根据设计拼贴出不同纹路，装饰效果丰富；同时坚固耐用，具备很好的耐久性，易清洗、防火、防水、耐磨、耐腐蚀和维护费用低。由于是小块材料拼贴，面层本身不易开裂，即使开裂也主要是沿拼贴缝隙，在立面上不明显。

其缺点是粘贴要求较高、施工难度大，施工技术不过硬容易造成脱落伤人。虽然防水性能好，但仍需采用防水材料来解决防水问题。而且面砖外墙一旦发生渗水问题，较难找到渗水的位置，维修难度较大。

面砖的综合单方造价基本和高档真石漆相当，但面砖在节能、环保上劣势明显（废弃后不可降解，处理成本高；对土壤、煤炭等不可再生资源消耗大），且有脱落伤人的安全隐患，目前各地出台政策限制其在沿街建筑及高层建筑上的使用。所以，不推荐在产业园高层厂房立面上使用外墙面砖。

3. 外墙面裂缝的原因分析及预防

外墙面裂缝是在实际项目中较为常见的质量问题，裂缝大致可分为两类（由结构原因如地基不均匀沉降引起的墙体裂缝不在本文讨论的范围之内）（见图 3-44）。

一是装饰面层裂缝。是指涂料、面砖等装饰层及抹灰层在施工工艺不到位或未按设计要求设置分格缝等情况下，由于材料自身干缩或热胀冷缩原因而产生裂缝。此种裂缝多发生在墙体中部，呈不规则的放射状形态，仅局限于装饰面层本身，不影响抹灰层和防水层，虽影响立面美观但不会造成渗水情况。此种情况只能通过加强施工管理、完善施工工艺来解决。

图 3-44　外墙面开裂示意图 1

图片来源：https://zhidao.baidu.com/question/558017267131646332.html。

二是抹灰层部分裂缝。主要表现为梁底与填充墙结合处的水平裂缝，柱边或填充墙中部出现的垂直或八字形裂缝，填充墙中部窗洞下方斜角处的斜向裂缝等；由于钢筋混凝土的线膨胀系数为 1.08×10^{-5} mm/℃，而加气混凝土砌块的线膨胀系数为 0.8×10^{-5} mm/℃，当外界温度上升时，墙面沿长度方向将有所伸长，但混凝土梁柱部分的伸长值更大，这时梁柱部分对墙体产生挤压，就会在填充墙上的薄弱环节如梁底、柱边、窗洞斜角处抹灰层上产生裂缝，此种裂缝不仅影响立面美观，还可能会导致渗水、漏水的情况（见图 3-45）。

图 3-45　外墙面砖开裂示意图 2

图片来源：https://www.bao315.com/fw/295323.html。

此种情况的预防措施主要有：

加强外墙结构整体性，严格按照规范要求设置圈梁、构造柱，并可根据实际情况适当加密。墙长及层高较大且有窗洞口时，构造柱还应首先保证设置在洞口两侧，以避免洞口角部斜向裂缝。

（1）当外墙设置在悬臂梁上时，应设置钢筋混凝土抗裂柱（见图 3-46）。

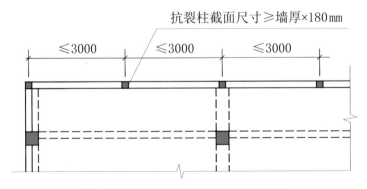

图 3-46　钢筋混凝土抗裂柱截面示意图

（2）当外墙设置通长窗时，窗下应设钢筋混凝土压顶，压顶下应设置抗裂柱（见图 3-47、图 3-48）。

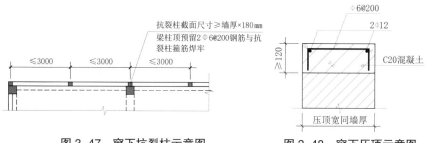

图 3-47 窗下抗裂柱示意图　　　　图 3-48 窗下压顶示意图

（3）填充墙与周边混凝土结构竖向衔接处，宜留 15 ～ 20 mm 宽缝隙。待墙体砌筑完成后，采用掺加膨胀剂的干硬性水泥砂浆二次嵌缝，并嵌填密实（见图 3-49）。

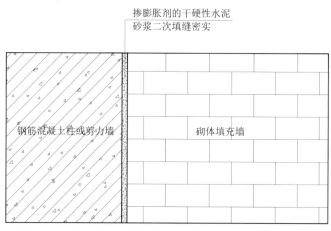

图 3-49 填充墙与周边混凝土结构竖向衔接处嵌缝示意图

（4）填充墙砌筑接近梁底时，应留一定缝隙，且至少间隔 14 天待沉降基本稳定后，再将其挤紧。当采用顶部"滚砖"补砌时，"滚砖"两端及中间宜采用预制三角形混凝土块进行补砌，滚砖斜度宜控制在60°左右（见图 3-50）。

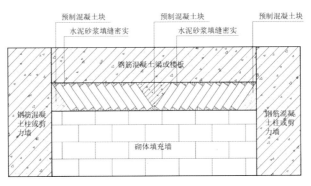

图 3-50　填充墙与梁底填充示意图

3.2.3 室内做法

3.2.3.1 层高及室内净高

在调研已建成的产业园项目时，我们发现，除了使用面积、竖向货运流线外，建筑层高和室内净高是客户对厂房本身关注的重点，有时甚至是决定性的点。不同类型的生产工艺及洁净度需求对层高的要求差别很大。层高通常在设计之初由产业园计划招商对象的需求决定，但具体数值还要结合容积率、规划限高及土建成本等条件综合考虑（见图3-51）。

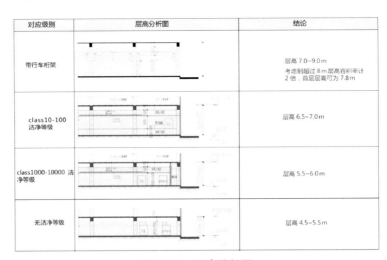

图 3-51　层高分析图

图片来源：《水乡功能区工业上楼建筑设计指南（试行）》。

层高确定后，厂房的净高主要是受结构高度和管线安装高度两个因素影响。结构高度由柱距及楼面荷载决定，产业园厂房柱距常用值为 8 ～ 10 m，主梁梁高通常在 0.8 ～ 0.9 m，次梁梁高通常在 0.6 ～ 0.7 m，即使通过设计优化，调整空间仍然有限。

当厂房采用机械排烟时（见图 3-52），其设备管线主要是消防排烟管、电缆桥架和消防喷淋管道（由于是非定制厂房，生产工艺所需的其他设备管道不在本文讨论范围之内）。其中，消防排烟管的高度为 0.4 m 左右，电缆桥架和喷淋管道在排烟风管相同高度区间安装，再为管线交汇时避让转换预留的 0.2 m 空间。此时净高为层高减去 1.4 m（结构高度 0.8 m ＋排烟管高度 0.4 m＋ 管道交汇高度 0.2 m）。

图 3-52　厂房机械排烟处

图片来源：http://www.zhongben.net/bgkjsn-79/。

所以，我们建议厂房应尽量采用自然排烟的方式，除了可以节约排烟井道、排烟风管、排烟风机等一系列的土建、设备采购及安装成本外，最重要的是可以提高 0.4 m 左右的净高。此时净高为层高减去 1 m（结构高度 0.8 m＋ 管道交汇高度 0.2 m）。自然排烟对厂房窗户的位置、开启面积、开启方式等均有要求，也有相应的土建成本，但总体来说还是比排烟风管经济（见图 3-53）。

图 3-53　厂房自然排烟图

在自然排烟的基础上，还可以采用消防主管和电缆桥架主管穿主梁、支管布置在侧梁的方式，此时管道交汇布置在板下，不影响室内净高。此时净高为层高减去 0.8 m（仅结构高度）。这种方式穿梁套管均需预理，对施工精度要求高，否则会影响喷淋管道和电缆桥架的安装（见图 3-54）。

图 3-54　厂房消防主管穿梁图

3.2.3.2 楼地面做法

产业园通用型厂房对楼地面面层做法的要求通常是经济性好、抗压、耐磨。目前最常用的做法是金刚砂耐磨面层。金刚砂材料是工厂预拌、现场即用的干撒式地面硬化剂,其耐磨骨料主要是金刚砂(化学成分是碳化硅 SiC)(见图 3-55)。

图 3-55　金刚砂地面

图片来源:https://img1.baidu.com/it/u=2088805537,611620018&fm=253&fmt=auto&app=138&f=JPEG?w=792&h=500。

通常做法是在结构楼板之上铺设 50 ～ 70 mm 厚 C30 混凝土面层,在混凝土面层初凝阶段,将金刚砂材料分次、均匀地撒在混凝土表面,再经过打磨机打磨,整体固化后在混凝土表面形成一层硬化保护层。这种做法的优点是施工简便、经济性好、抗压耐磨、耐久度高;缺点是色泽单调(只有灰色、红色、绿色三种且颜色效果差),易起尘、易开裂、抗渗透性较差且不能抵抗化学药品的腐蚀。

图 3-56 金刚砂 + 固化剂地面

图片来源：http://zhuanghuang.51sole.com/b2c/b2cdetails_211590186.htm。

如果稍微提高单价，也可以考虑使用金刚砂 + 固化剂面层（见图 3-56），它是在金刚砂耐磨面层的基础上，再增加一道固化剂。混凝土密封固化剂是一种无色透明液体材料，它由无机物、化学活性物质和硅合物组成，通过有效渗透，与混凝土中成分发生反应，使混凝土中的各成分固化成坚固实体。固化剂不仅可以提高金刚砂地面的视觉观感，还可以有效改善金刚砂地面易起尘、抗渗透性差、抗腐蚀性较差的缺点。

图 3-57 环氧地坪漆地面

图片来源：http://www.shuangshituliao.com/dipingqi-586.html。

如果项目标准较高，造价允许，我们建议使用环氧砂浆面层（见图 3-57）。环氧砂浆面层也是目前广泛使用的一种较为高档的涂料面层，其表面平整光亮，整体无缝，具有良好的防尘、易清洁等特点。其光泽度高、颜色鲜艳丰富，可以有效提高厂房的内部形象，而且耐化学药品性好，防水、防霉、抗渗。其缺点是造价较高，耐候性一般，耐久性稍差。

3.2.3.3 楼地面裂缝的原因分析及预防

通用型厂房标准层的面积少则 1500 m²，多则 3000～4000 m²，由于单层面积过大，混凝土楼、地面裂缝的质量通病比较难克服。所以，楼地面的观感质量就成了评价厂房建筑质量的一个直观标准。常见的楼地面裂缝有三种类型：结构裂缝、收缩裂缝和温度裂缝。由于结构裂缝主要受结构设计及施工工艺影响，此处不再赘述。以下主要讨论面层中 C30 混凝土层的开裂问题。

1. 收缩裂缝及预防

混凝土在自身硬化过程中，由于水分的减少发生收缩，这种收缩是不可避免的。收缩裂缝的产生主要是由于混凝土内外水分减少快慢不同而导致变形不同的结果，表面水分减少快而内部水分减少慢，混凝土表面干缩变形受到混凝土内部约束在混凝土表面产生较大拉应力而产生裂缝。收缩裂缝多为表面性的平行线状或网状浅细裂缝（见图 3-58）。

图 3-58　面层砼收缩裂缝

主要的预防措施除了改善混凝土配比、选用收缩量较小的水泥、掺加合适的减水剂、加强混凝土早期养护、适当延长混凝土养护时间这些施工措施外，建筑专业还需要明确地面分格缝的设置及其宽度和深度。

规范中混凝土面层的分格缝纵横向间距通常为 6 ～ 10 m，宽度是 3 ～ 5 mm，深度为面层厚度的 1/3。但在面积较大、面层厚度较厚（50 mm 及以上）时，我们建议应把分格缝双向间距控制到 6 m 以内（结合柱距布置，不大于 6 m×6 m），深度至少需要达到面层厚度的 2/3（最好能达到整个面层厚度），沿柱周边也应设置方形或菱形的分格缝，才能起到效果（见图 3-59）。

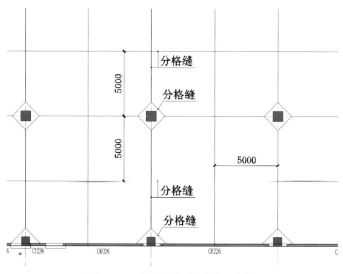

图 3-59　面层分格缝设置示意图

2. 温度裂缝及预防

温度裂缝的走向通常无规律，但常出现在无空调设施厂房门窗附近阳光直射部位的楼地面，其受温度变化影响较为明显，尤其是在西向的大门及长条通窗周边因夏季高温膨胀引起的裂缝甚至会出现局部的凸起。

主要的预防措施有结合立面情况，减少西向开门开窗；增加窗户遮阳措施，减少阳光直射；对分格缝的处理是将窗边横向的第一条分格缝，及其与外墙间的所有纵向分格缝宽度加宽到 10 mm，深度同面层深度，耐候胶填缝。这样可以有效地改善这种情况。

3.2.4 屋面做法

屋面对任何一个建筑来说，都是极为重要的部位。对产业园项目来说，屋面不仅是保温、防水的关键节点，还是一个重要的设备安装场地。除去常见的消防设施、通排风机、空调设备外，还可能有生产工艺要求的其他各种室外设备。

3.2.4.1 屋面防水及保温做法

屋面由于直接面对降水和日照，成为建筑防水、保温的难点和要点。防水必须柔性防水和刚性防水相结合，多道设防，对女儿墙脚、屋面穿管位置等薄弱环节，还需要适当加强。

造价"标准型"建议的具体做法见图 3-60（从上到下）。

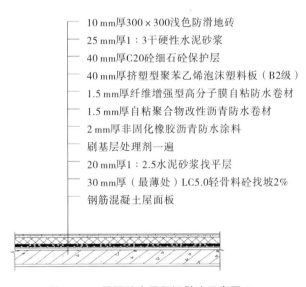

- 10 mm厚300×300浅色防滑地砖
- 25 mm厚1：3干硬性水泥砂浆
- 40 mm厚C20砼细石砼保护层
- 40 mm厚挤塑型聚苯乙烯泡沫塑料板（B2级）
- 1.5 mm厚纤维增强型高分子膜自粘防水卷材
- 1.5 mm厚自粘聚合物改性沥青防水卷材
- 2 mm厚非固化橡胶沥青防水涂料
- 刷基层处理剂一遍
- 20 mm厚1：2.5水泥砂浆找平层
- 30 mm厚（最薄处）LC5.0轻骨料砼找坡2%
- 钢筋混凝土屋面板

图 3-60　屋面防水及保温做法示意图 1

此种做法被称为"倒置式"屋面做法。传统的屋面做法是在屋顶结构层上，先设置保温层（加气混凝土、膨胀珍珠岩、矿棉等保温隔热材料），再设置防水层。由于传统的保温隔热材料疏松多孔容易吸水，而且吸水后保温性能大幅下降，所以保温层必须做在防水层之下。而"倒置式"

屋面做法是在屋顶的结构层上，先铺防水层，再铺保温层，故称"倒置"。在传统的屋顶保温结构中，由于防水层置于上层，受日照和温差的影响，即使增加混凝土或面砖保护，也容易老化开裂。"倒置式"屋面的做法使防水层的工作环境得到了改善，防水功能长期有效，这是该做法被广泛采用的主要原因。这种做法的屋面保温材料通常采用挤塑聚苯板。挤塑聚苯板具有致密的表层及闭孔结构内层，导热系数低、具有良好的抗湿性，即使在潮湿的环境中，仍可保持良好的保温隔热性能，这也是该做法能够实现的关键原因。

当受造价限制，需要适当降低标准时，也可以选用"经济型"做法，见图3-61（从上向下）。

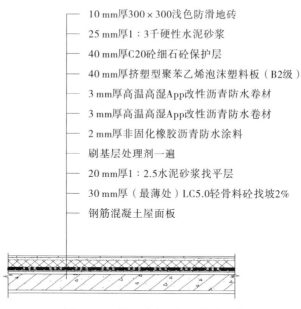

10 mm厚300×300浅色防滑地砖
25 mm厚1∶3干硬性水泥砂浆
40 mm厚C20砼细石砼保护层
40 mm厚挤塑型聚苯乙烯泡沫塑料板（B2级）
3 mm厚高温高湿App改性沥青防水卷材
3 mm厚高温高湿App改性沥青防水卷材
2 mm厚非固化橡胶沥青防水涂料
刷基层处理剂一遍
20 mm厚1∶2.5水泥砂浆找平层
30 mm厚（最薄处）LC5.0轻骨料砼找坡2%
钢筋混凝土屋面板

图3-61　屋面防水及保温做法示意图2

此种做法也是"倒置式"屋面做法，只是在防水层和保护层的做法上有一些简化，在保证屋面防水性能的基础上节约造价。

3.2.4.2 屋面渗漏的原因分析及预防

目前的屋面防水做法是经过实践检验，十分可靠的，"倒置式"屋面防水层由于有保护层、保温层双重保护，不易发生渗漏。渗漏容易出现在女儿墙脚泛水处、雨水口处、变形缝处、设备管道穿屋面处等薄弱环节。所以，只需要对这些部位的构造做法进行适当加强，并注意日常维护，就可以有效地减少渗漏情况的发生。

虽然面砖、细石混凝土保护层出现裂缝，通常也不会直接影响到防水层，但对屋面的美观和耐久度都有很大的影响。为了防止屋面面层裂缝，建议屋面细石混凝土保护层应按不大于 3 m × 3 m 设分格缝，分格缝宽度为 20 mm，深度同保护层厚度。分格缝内应用油膏嵌缝密实。当保护层上还设置面砖时，面砖应结合保护层分格缝的布置合理布局，整砖粘贴，面砖分格面积不宜大于 100 m²，分格缝宽度为 20 mm，并用柔性密封材料嵌填密实。

基层与突出屋面结构（女儿墙、山墙、变形缝以及出屋面管道连接等）的交接处和基层的转角处，找平层均应做圆弧倒角，圆弧半径要求为 100 ～ 150 mm。

卷材在大面积施工前，要求在水落口、女儿墙根部、变形缝以及管道连接处等细部节点做附加层，附加层的宽度应符合设计要求（见图 3-62、图 3-63）。

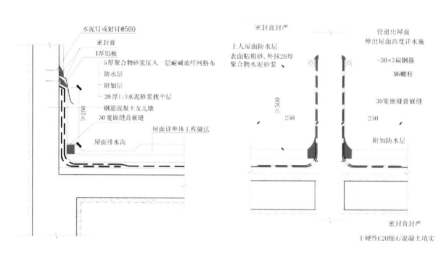

图 3-62　女儿墙局部加强示意图　　　图 3-63　出屋面管道局部加强示意图

雨水口四周 500 mm 范围内应采用漏斗状放坡，以免发生积水（见图 3-64）。

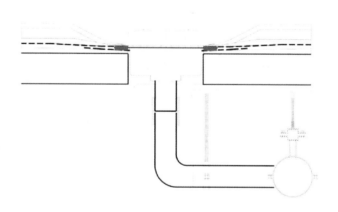

图 3-64　雨水口示意图

屋面设备应根据设备类型设置独立的承台，承台应直接落于屋面梁、柱或结构板之上，承台周边的防水做法与女儿墙脚处类似，做圆弧倒角和防水附加层。设备基础根部周边还应设分格缝（见图 3-65）。

图 3-65　屋面设备承台示意图

图片来源：https://www.zhulong.com/zt_lq_3002266/detail40454461/。

3.2.5 绿色节能

依据《工业建筑节能设计统一标准》（GB 51245—2017）第 3.1.1 条要求，工业建筑在进行节能设计时分为两大类。一类工业建筑冬季主要为供暖能耗，夏季主要为空调能耗，一般没有强烈的污染源和热源。建筑专业需要对围护结构的保温和隔热进行设计。二类工业建筑主要为通风能耗，一般都有强烈的污染源和热源。建筑专业需要配合其他专业，对建筑的开窗自然通风进行设计。

结合东莞目前的产业政策和实际产业情况，产业园通用厂房应按一类工业建筑进行节能设计，需要对围护结构的保温和隔热进行设计，以降低空调能耗。

围护结构的节能措施主要有以下四个方面：

（1）墙体节能。在建筑能耗中，外墙的热损耗占比最大，对其进行保温隔热设计尤为重要，是实现节能降耗的基础。在实践中，200 mm 厚加气混凝土砌块墙通常能满足计算要求，不需要额外隔热措施，只需要针对外墙上混凝土梁、柱、剪力墙部分和屋面的热桥部分，采用阻断热桥的措施，就可以减少空调能耗，满足规范要求。

（2）屋面节能。对屋面的保温设计，保温材料的选择需要注意两个方面：一是使用密度小、导热系数低的隔热材料；二是防水层之上的保温层不能使用吸水率高的材料，因为其受潮时不仅会影响防水效果，还会削弱保温性能。这也是我们选择"倒置式"屋面体系和挤塑聚苯板保温材料的原因。"倒置式"屋面做法最上层设置的地砖层，在实践中我们也建议选择白色或浅色地砖，以此将太阳的辐射热反射出去，减少屋面受热。

（3）门窗节能。门窗也是建筑节能的关键部位。针对门窗的节能，可以从三个方面着手：其一，缩减门窗面积，在确保满足通风、采光、排烟等要求的前提下，最大限度地减少外窗面积，降低窗墙比，尤其是东西面向的门窗面积，节能效果更为显著，但此种措施需要从建筑方案阶段就介入，结合空间造型、立面效果通盘考虑才能成功；其二，提升门窗的热工性能，选用断热型材、双层窗、中空玻璃等来达到节能效果；其三，提高门窗的气密性，使用密封性比较好的材料。第二、第三种措施都会提高造价，需要结合节能计算综合考虑，在满足节能要求的前提下尽量降低成本。

（4）自然通风。在东莞这样夏季炎热的地区，建筑的自然通风也能带来良好的节能效果。自然通风较好的建筑，除了可以提升室内的舒适度外，还能降低建筑空调的运行能耗。但自然通风需要结合盛行风向设置建筑布局，对建筑的门窗、高度、朝向设置等均有要求，且自然风情况不稳定，实施效果难以保证。所以，该节能措施在实际项目中只考虑作为辅助节能措施，在代价不大时选用。

3.3 结构专业篇

3.3.1 产业园的结构选型

在产业园的结构设计中，结构选型至关重要，它直接关系到产业园的合理性、经济性、适用性。产业园的结构选型应该根据建筑的功能、高度、跨度、需求等因素进行综合考虑后再合理选择。

3.3.1.1 产业园常见的结构体系

产业园常见的结构体系有排架结构、门式刚架结构、框架结构、框架剪力墙结构等。

（1）排架结构。顾名思义，一排一排的，由屋架、柱子和基础构成横向平面排架，是厂房的主要承重体系，再通过屋面板、吊车梁、支撑等纵向构件将平面排架联结起来，构成整体的空间结构，一般柱与屋架铰接，与基础刚接是单层厂房结构的基本结构形式。

（2）门式刚架结构。门式刚架结构的上部主要由刚架斜梁、刚架柱、支撑、檩条、系杆、山墙骨架组成，刚架的结点主要是刚结点，也可部分铰接点。门式刚架轻型房屋钢结构起源于美国，是一种单层厂房常见的结构体系。

（3）框架结构。框架结构是由梁和柱联接而成，构成承重体系的结构，即由梁和柱组成框架共同抵抗使用过程中出现的水平荷载和竖向荷载。框架结构的房屋墙体不承重，仅起到围护和分隔作用。框架按跨数分有单跨、多跨；按层数分有单层、多层；按所用材料分有钢框架、混凝土框架，是最常见的结构形式之一。

（4）框架剪力墙结构。框架剪力墙结构也称框剪结构，是由框架和剪力墙结构两种不同的抗侧力构件组成的受力形式。这种结构是在框架结构中布置一定数量的剪力墙，来增大结构的侧向刚度，能承受更大的风荷载和地震力。

3.3.1.2 产业园常见结构的适用性

（1）排架结构。排架结构多用于高大空旷的单层工业厂房、仓库等。排架结构可根据生产工艺与使用要求做成单跨或多跨、等高或不等高等，其最大跨度可达 30 m，高度可达 30 m，吊车吨位可达 150 t。排架结构传力明确、构造简单，有利于实现设计标准化，施工机械化程度高。

（2）门式刚架结构。门式刚架结构常见于采用轻型屋盖、轻型外墙的单层工业厂房，可根据生产工艺与使用要求做成单跨或多跨，等高或不等高。钢结构门式刚架一般采用 H 型钢，跨度一般不超过 36 m，高度一般不超过 12 m。国内亦有跨度较大、高度较高的门式刚架厂房，跨度达 70 m，高度达 27 m，这种跨度较大、高度较高的门式刚架结构一般会采取采用格构柱、屋盖增设纵向、横向水平支撑等措施以提高结构的刚度。门式刚架一般为钢结构，亦有钢筋混凝土刚架结构，钢筋混凝土刚架一般跨度不超过 18 m。

（3）框架结构。框架结构整体性好、空间分隔灵活，具有可以较灵活地配合建筑平面布置的优点，有利于安排需要较大空间的建筑结构，但框架结构的抗侧刚度较小，适用于单、多层建筑，层数多、建筑高度大的建筑一般不适用。框架结构的最大建筑高度，六度抗震设防区一般不超过 60 m，七度抗震设防区一般不超过 50 m，八度抗震设防区一般不超过 40 m，九度抗震设防区一般不超过 24 m。

（4）框架剪力墙结构。框架剪力墙结构是在框架结构中布置一定数量的剪力墙，具有框架结构平面布置灵活，有较大空间的优点。因加了一定数量的剪力墙，框架剪力墙结构侧向刚度较大的，与框架结构相比可建更高的高度，建筑高度可超过 100 m，能适用于常规高度的工业厂房。

3.3.1.3 高质量发展阶段产业园结构选型的研究与经验分享

随着城市化的高速发展，城市基础设施建设、新城建设、公共设施建设发展迅速，土地价值日益凸显，在守住耕地红线以及后来国土空间规划提出"三区三线"的土地管理制度下，对土地的集约化利用日益重要。

"工业上楼"立体化工厂应运而生，涌现出了大量的高层厂房，这些高层厂房的建筑高度大多在 30～60 m，我们也对现在高质量发展阶段的高层厂房结构选型做了大量的分析研究对比。

高层厂房的建筑平面布置，除楼、电梯等垂直交通功能区域外，其生产区一般为开放式的大空间，基于这一原因，结合产业园建筑高度一般不超过 60 m 的特点。高层产业园建筑可供选择的结构体系一般为框架结构和框架剪力墙结构两种。

对于高层厂房，我们按不同的高度，分别采用框架结构及框架剪力墙结构体系，对用钢量及混凝土量做分析对比。根据我们的分析表明，框架剪力墙结构虽然增加了剪力墙，但框架柱截面可以做小；框架剪力墙结构与框架结构的混凝土用量基本一样，但同等结构高度钢筋的单方用量框架剪力墙结构比框架结构要小，结构高度越大差值越大。图 3-66、图 3-67 是我们以未来智能科技产业园为案例分析制作的混凝土及钢筋用量对比图。未来智能科技产业园抗震设防烈度为 7 度（0.1 g），风荷载为 0.6 kN/m²，地面粗糙度类别为 C 类，生产区活荷载首层为 20 kN/m²，2 层、3 层为 10 kN/m²，4 层以上为 8 kN/m²。

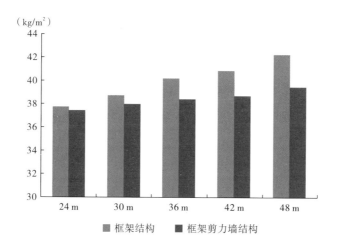

图 3-66　不同结构高度钢筋用量柱状图

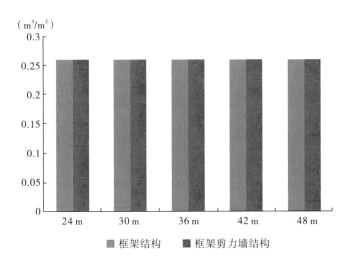

图3-67　不同结构高度混凝土用量柱状图

注：以上数据仅统计了梁、板、柱的钢筋用量及混凝土用量。

从以上案例可看出，高层厂房两种结构体系的梁、板、柱混凝土用量基本一样，均为 0.26 m³/m² 左右，用钢量结构高度在 40 m 内框架剪力墙结构约比框架结构略少 1 ～ 2 kg/m²，40 m 以上少 2 ～ 3 kg/m²，结构高度越高少的越多。

框架结构的最大优势是结构体系中没有较长墙肢的剪力墙，结构平面整洁、干净，与厂房生产区有大空间需求的建筑平面结合较好，但因其侧刚度较小，多用于单、多层及小高层建筑。

框架剪力墙结构与框架结构相比最大的差别是抗侧力构件加入了剪力墙，提高了结构的抗侧力刚度，对剪力墙的数量，一般要求在底层剪力墙承受的地震倾覆力矩不小于总地震倾覆力矩的50%，满足这要求的框架剪力墙结构抗震性能好，具备良好的抗震"二道防线"。宿舍、办公建筑可结合分隔墙将剪力墙设置在分隔墙处以隐藏剪力墙，避免对建筑平面功能的影响。但对于厂房，通常85%以上的区域都是有大空间要求的生产区，如在生产区设置剪力墙往往会对平面使用功能造成一定的影响，这就使得在设计阶段结构设计时对剪力墙柱的布置提出了更高的要求，要求剪力墙不得设置在生产区。但通常，结构设计时通过精心设计，将剪力墙结合楼、电梯间位置的隔墙布置，设置在楼、电梯垂直交通区域或结合立面布置在建筑的周边，一般均能满足剪力墙抗震时最低数量和剪力墙避免布置在生产区大空间区域的要求。

随着经济发展，产业结构不断升级优化，土地集约、工业上楼，厂房越建越高，产业园结构的选型也随之出现了新的变化。根据功能、工艺、工期等需求，单层产业园可根据实际情况选择排架、门式刚架或单层框架结构，多层、小高层可根据实际情况优选框架结构，高层厂房可根据实际情况优选框架剪力墙结构。

3.3.2 楼盖不同结构布置

楼盖是建筑结构重要的组成部分，在建筑结构组成体系中占有举足轻重的地位。楼盖与竖向构件、抗侧力构件一起组成建筑结构的整体空间体系。从经济方面来看，楼盖因为材料用量大，自重约占总重量的一半，造价占整个建筑造价的 20% ～ 30%，因此在建筑结构设计中，选择合理的楼盖形式显得十分重要。

3.3.2.1 产业园常见的楼盖布置形式

基于平面功能、楼层净高、主次梁截面尺寸、板厚、土建造价控制等各方面的需求，相同跨度的柱网，可设计成几种不同的结构平面布置形式的楼盖。常用的梁板式有以下三种布置方式，双向单道次梁、双向双道次梁和单向双道次梁。

（1）双向单道次梁。即十字梁布置（见图 3-68），仅在跨中两个方向布置单道次梁，传力途径简单明确，具有双向受力的特点。一般适用于柱跨相对较小且两个方向跨度接近的厂房，分隔后板跨在 3 ～ 4 m 之间，板厚一般取值为 120 ～ 130 mm。

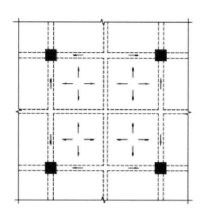

图 3-68　双向单道次梁布置传力特性示意图

（2）双向双道次梁。即井字梁布置（见图 3-69），在跨中两个方向均布置双道次梁，使板跨划分更细致，同时可以降低梁的高度，增加室内净空。分隔后板跨一般为 3 m 左右，板厚一般取值为 120 ～ 130 mm。一般适用于柱跨相对较大的厂房，若后期上部结构需要增加隔墙时受力相对更合理。

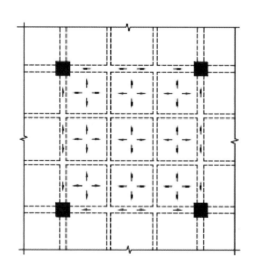

图 3-69　双向双道次梁布置传力特性示意图

（3）单向双道次梁。即单向板布置（见图 3-70），仅在跨中沿一个方向布置次梁，同方向主梁截面可减小，次梁布置方向可结合设备管线走向确定，对层高及净高控制较有利。同时施工也较为方便，可以缩短工期。

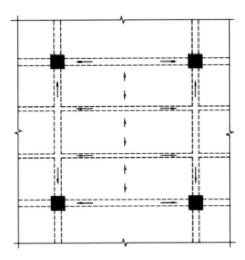

图 3-70 单向双道次梁布置传力特性示意图

3.3.2.2 常见楼盖形式的经济性对比

为了进一步提高高层通用厂房设计产品化程度、降低土建成本、促进土地集约化发展，现对上述三种较常见的布置形式的经济性进行对比，提出满足建筑使用功能的合理楼盖形式建议，为项目前期设计提供参考。

经济性对比以 9 m×10 m 柱网为例，整体结构形式为框架—剪力墙结构，项目位于 6（0.05 g）度区，基本风压按 0.6 kN/m²，剪力墙抗震等级为三级，框架抗震等级为四级。首层活荷载按 20 kN/m²，2～3 层按 10 kN/m²，其余层按 8 kN/m² 考虑。钢筋强度为 HRB400，梁板混凝土强度为 C30，平面布置及截面简图见图 3-71、图 3-72、图 3-73。

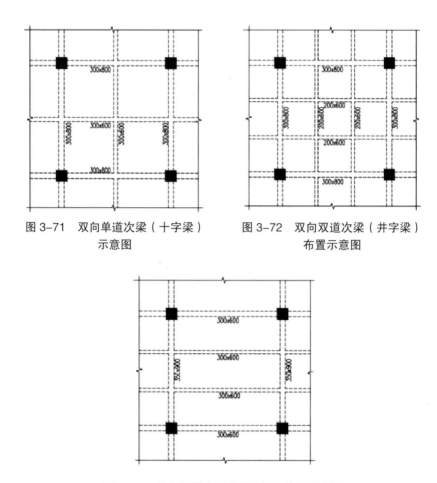

图 3-71　双向单道次梁（十字梁）　　图 3-72　双向双道次梁（井字梁）
　　　　　示意图　　　　　　　　　　　　　　布置示意图

图 3-73　单向双道次梁（单向板）布置示意图

　　经过大量计算，调整构件截面配筋均按满足实际工程需要为标准进行工程量统计，工程量比较主要针对钢筋及混凝土量进行，未考虑钢筋锚固及损耗、模板等工程量的差异，同时数据只统计了主体部分，未包含基础、楼梯、构造柱、圈梁等，实际的钢筋和混凝土量会比统计值大。下面为各种布置下的指标对比（见图 3-74、图 3-75、表 3-2）。

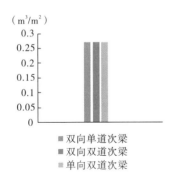

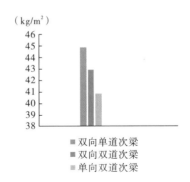

图 3-74 不同次梁单方混凝土用量
对比

图 3-75 不同次梁单方钢筋用量
对比

表 3-2 不同次梁单方混凝土及钢筋含量列表

布置形式	单方混凝土含量（m^3/m^2）	单方钢筋含量（kg/m^2）
双向单道次梁	0.27	44.90
双向双道次梁	0.27	42.92
单向双道次梁	0.27	40.86

通过以上数据，仅从钢筋及混凝土量方面对比，单向双道次梁的经济性最好，当然除经济性外，楼板的布置方式还有很多其他因素需要考虑，如对楼层的净高和层高有限制时，设备管线走向、提供改变使用功能的可能性及灵活性等问题，同时楼面的布置应尽量规则和均匀，使受力明确、传力直接，有利于整体结构的刚度均衡。所以在实际工程中，还应结合项目情况进行对比分析，选取较合理的布置方式。

3.3.3 不同跨度厂房的经济性对比

随着国内工业化进程的不断加快，工业厂房的需求与日俱增，为缓解工业用地的紧张问题，我国提出充分利用土地资源，优化产业结构，推进产业转型升级，也使"工业上楼"成为现在产业园的新型主流模式。高层现浇混凝土通用性厂房不仅需要满足相关工艺使用要求，在满足相关规范和结构设计方案的前提下，还应考虑结构的经济性，而柱跨是决定成本的重要因素。

3.3.3.1 产业园常见的柱网布置

按照不同的工艺及流水线布置，厂房的跨度和柱距也各有不同，通用性厂房的生产流线一般沿建筑开间方向，所以进深方向一般为 8.4～10.8 m 的跨度均可以满足使用要求（见图 3-76）。

本节以厂房常见的 8.4 m * 8.4 m、8.4 m * 9.0 m、8.4 m * 10.0 m、8.4 m * 10.8 m、9.0 m * 9.0 m、9.0 m * 10.0 m、9.0 m * 10.8 m、10.0 m * 10.0 m 柱跨为例，进行经济性对比，提出满足建筑使用功能的合理柱跨的建议，为项目前期设计提供参考。

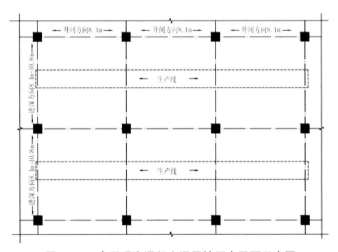

图 3-76 高层现浇混凝土通用性厂房平面示意图

3.3.3.2 产业园案例的基本参数

经济性对比的示例工程，整体结构形式为框架—剪力墙结构，结构高度为 56 m，项目位于 6（0.05 g）度区，基本风压按 0.6 kN/m²，剪力墙抗震等级为三级，框架抗震等级为四级。首层活荷载按 20 kN/m²，2～3 层按 10 kN/m²，其余层按 8 kN/m² 考虑。首层层高 8 m，2 层、3 层层高为 6 m，其余层层高 4.5 m。钢筋强度为 HRB400，梁板混凝土强度为 C30，墙柱混凝土强度为 C30～C50。平面布置及截面简图见图 3-77。

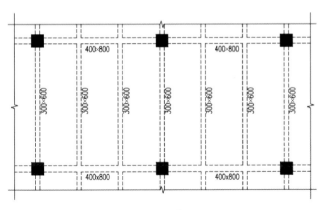

图 3–77 平面布置及截面示意图

3.3.3.3 产业园案例不同柱跨工程量对比

经过大量计算，调整构件截面配筋均按满足实际工程需要为标准进行工程量统计，工程量比较主要针对钢筋及混凝土量进行，未考虑钢筋锚固及损耗、模板等工程量的差异，同时数据只统计了主体部分，未包含基础、楼梯、构造柱、圈梁等，实际的钢筋和混凝土量会比统计值大。下面为各种布置下的指标对比（见图 3–78、表 3–3）。

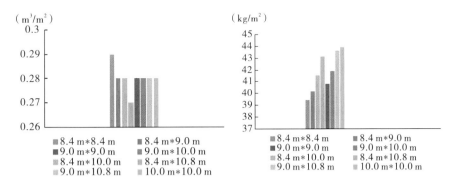

图 3–78 不同柱跨单方混凝土用量对比、不同柱距钢筋用量对比

表 3-3 高层厂房结构经济性对比

柱跨尺寸	主梁截面	次梁截面	单方混凝土含量（m^3/m^2）	单方钢筋含量（kg/m^2）
8.4 m*8.4 m	350 mm*800 mm	250 mm*600 mm	0.29	39.44
8.4 m*9.0 m	400 mm*800 mm	300 mm*600 mm	0.28	40.14
8.4 m*10.0 m	400 mm*850 mm	300 mm*650 mm	0.28	41.52
8.4 m*10.8 m	450 mm*850 mm	300 mm*650 mm	0.28	43.14
9.0 m*9.0 m	400 mm*850 mm	300 mm*650 mm	0.28	40.78
9.0 m*10.0 m	450 mm*850 mm	300 mm*700 mm	0.27	41.89
9.0 m*10.8 m	450 mm*900 mm	300 mm*800 mm	0.28	43.61
10.0 m*10.0 m	500 mm*900 mm	300 mm*750 mm	0.28	43.90

根据以上数据可知，高层厂房的混凝土用量受柱跨不同的影响较小，但单方钢筋用量会随着柱跨的增加而增加较多，同时随着跨度增加，梁截面也有所增加，梁高对建筑层高及净高均有影响，这些也将影响建筑的整体造价。所以，在前期设计时，应根据生产工艺及流线，选择合理的柱跨，提高整体建筑的经济性。

3.3.4 楼面活荷载与混凝土、钢筋用量的关系分析

高层工业建筑使用的活荷载取值对结构设计影响重大，当活荷载取值过低时可能会影响后期使用，承载力无法满足实际生产需求；当取值过高时则增加主体结构造价，造成不必要的浪费。本节采用东莞高层工业建筑常用荷载对常规框架结构的混凝土、钢筋用量做出分析对比。

3.3.4.1 产业园常见的使用荷载取值

一般电子产品加工车间、轻型厂房生产车间为 4～5 kN/m^2，轻型机械加工车间、光学加工车间为 7～8 kN/m^2，中型机械加工车间、半导体器件车间为 10 kN/m^2，重型机械加工车间、四类金工车间为 12～13 kN/m^2，一般三类金工车间为 15～16 kN/m^2。本次采用荷载 5 kN/m^2、7.5 kN/m^2、10 kN/m^2、12.5 kN/m^2、15 kN/m^2 进行计算，分析楼面活荷载与混凝土、

钢筋含量之间的关系。

3.3.4.2 计算模型基本设计参数

设防烈度 7 度，地震加速度 0.1 g，地震分组第一组，场地类别 Ⅱ 类，特征周期 0.35 s；基本风压 0.6 kN/m²，地面粗糙度 B 类；模型层数为 9 层，结构总高度为 45 m，结构类型为框架结构，楼盖为单向双次梁结构，柱跨为 9 m*10 m。混凝土强度 C30～C55，钢筋等级为三级钢。

3.3.4.3 楼面活荷载与混凝土、钢筋的含量关系

楼面活荷载与混凝土、钢筋的含量关系见表 3-4、表 3-5。

表 3-4　楼面活荷载与混凝土含量关系

混凝土增量（m³/m²）	0.02	0.01	0.03	0.01
混凝土增量幅度	8%	4%	10%	3%

注：以上数据仅统计了梁、板、柱等主体结构混凝土，未考虑楼梯、墙身及二次构件等混凝土。

表 3-5　楼面活荷载与钢筋的含量关系

钢筋增量（kg/m²）	3.19	4.35	6.68	4.66
钢筋增量幅度	8%	10%	14%	9%

注：以上数据仅统计了梁、板、柱等主体结构钢筋，未考虑锚固、搭接、楼梯、二次构件等钢筋。

活荷载 5～15 kN/m² 范围内，荷载每增加 2.5 kN/m²，混凝土含量增加 0.01～0.03 m³/m²，钢筋含量增加 3～6 kg。

3.3.4.4 产业园定位与荷载取值的研究与经验分享

高层工业建筑使用的活荷载取值对产业园定位影响重大，活荷载取值过低可能会影响后期使用，取值过高则增加主体结构造价。首先，荷载取值的前提是要满足生产需求，工业厂房都是为生产服务的，在厂房设计中结构专业作为配套专业，首先应满足工艺要求，结构设计也需要服从于工艺条件。当然，荷载取值也不必盲目追求过大化，这样会造成

不必要的浪费。因此，在产业园方案的前期阶段，应该根据产业园的园区定位、生产流线、生产工艺、实际生产需求等来确定厂房使用活荷载，这样既能实现满足实际生产需要，又能达到结构造价最低的经济目标。

对于一些前期设计阶段未进行招商、生产工艺未确定的产业园项目，按照以往的项目经验及实际要求，一般首层取值 20 kN/m² 以上，首层层高相应也较大，可以满足大多工业类型生产及仓储仓库需求；2、3 层取值为 12 ～ 15 kN/m²，可以满足重型机械加工车间、普通金工车间的生产需求；4、5 层取值为 10 ～ 12 kN/m²，可以满足中型机械加工车间、半导体器件车间的生产需求；6 层以上取值 5 ～ 8 kN/m²，可以满足一般轻型厂房、电子产品加工车间的要求。

3.3.5 首层地面结构做法的经济性分析及设计原则

高层工业建筑首层荷载使用要求都非常高，一般取值不小于 20 kN/m²。因此，首层地面的不同做法，对后期使用或者结构经济性影响很大。

3.3.5.1 无地下室的首层结构做法的主要类型

无地下室的首层地面做法常见的类型有：①设置结构板，首层荷载由梁板承受传至柱及基础；②不设置结构板，在原状土或采用良好素土回填分层压实后设置带钢筋网的建筑地骨，首层荷载传至下卧土层。

3.3.5.2 两种地面做法的经济性分析

经济性方面（首层活荷载按 20 kN/m² 计算）：首层设置结构板，首层面积钢筋量约为 65 kg/m²，混凝土量约为 0.45 m³/m²，则 10 层以内的高层工业建筑基础造价增加 20% 以上。在原状土体上设置带有钢筋网混凝土地骨，首层面积钢筋量约为 20 kg/m²，混凝土量约为 0.2 m³/m²，基础造价不增加，下方土体较差时需要换填压实；在土体上设置素混凝土地骨，首层不需增加钢筋，混凝土量约为 0.2 m³/m²，基础造价不增加，下方土体较差时需要换填压实。两种做法造价相差约 600 元 /m²，当单栋标准厂

房首层面积为 3000 m² 时，造价相差约 180 万元，由此可见，两种不同做法造价相差的数量级较大。

3.3.5.3 两种地面做法的设计原则

一般情况下，首层地面以下土质较好，不存在较厚的淤泥或新填土等欠固结软弱土层，且使用对地面沉降、地板开裂不敏感时，首层可不设置结构板，而在地骨增设钢筋网，减少裂缝出现。若后期出现首层地面沉降、地板开裂的情况，一般不会影响结构使用安全，若影响正常使用或美观时作修补处理即可。

首层地面以下存在较厚的淤泥或新填土等欠固结软弱土层时，建议首层设置结构板；当生产用途为高精密生产车间等对地面沉降、开裂敏感时，无论何种土质都应在首层设置结构板。

3.3.6 高层工业建筑的基础选型

高层工业建筑由于楼面生产使用活荷载大，且楼层数比较高，传到基础上的荷载一般都非常大，因此，高层工业建筑中的基础选型和设计对结构的安全性和经济性影响非常大。

3.3.6.1 高层工业建筑的常见基础类型

根据东莞市的地质条件，高层工业建筑常见的基础类型有天然基础、预应力管桩基础、灌注桩基础等。

（1）天然基础。是指当土层的地质状况较好、承载力较高时，在自然状态下即可满足承担基础全部荷载要求，不需要人工处理，可以直接利用该土层作为基础持力层的地基。

（2）预应力管桩基础。采用工厂预制的预应力管桩，通过锤击或静压的方式沉入较深土层，利用下方强度较高的强（全）风化岩层等作为持力层的桩基础。

（3）灌注桩基础。利用旋挖或者冲（钻）孔的方式成孔，穿透上部软弱土层，利用下方强度极高的中（微）风化岩层等作为持力层，现场浇筑成型的桩基础。

3.3.6.2 各常见基础类型的优缺点

天然基础的优点是造价低、工期快；缺点是现场开挖及回填量较大，主体结构沉降量较大等。

预应力管桩基础的优点是经济性较好，施工简单，工期快；缺点是锤击桩震动大，对周边环境影响较大，静压桩机械笨重巨大、要求场地宽阔，且沉桩过程的挤土效应可能导致周边建筑物和市政道路的破坏。

灌注桩的优点是单桩承载力高，各种地层适应能力强，施工过程对邻近建筑物及地下管线危害较小；缺点是造价高、工期慢，施工过程中产生的泥浆对环境污染较大，需要及时运走清除。

3.3.6.3 各常见基础类型的适用性

由于高层工业建筑传到基础上的荷载一般都很大，天然基础一般只适合于有承载力较高的全风化、强风化或中风化岩（土）层作为持力层的情况，在东莞丘陵山区较常用。

预应力管桩适合于上部覆盖有较厚且易穿透的残积土，地面以下10～30 m深处有比较适合做持力层的岩层（全、强风化岩层），地势较平坦开阔，采用锤击或静压沉桩，东莞大部分区域适合。

旋挖成孔（冲孔）灌注桩对各种地层适应能力较强，施工过程对邻近建筑物及地下管线危害较小，以中、微风化岩层为持力层，强度高、力学性质稳定，可满足拟建建筑物桩基础桩端承载力设计，几乎适合东莞地区的所有地质情况。

3.3.6.4 各常见基础类型的设计要点

天然基础的设计要点：①满足承载力、变形、稳定性及基础埋深等要求的情况下尽量浅埋；②承载力计算时可考虑深度和宽度修正，减小基础面积；③同一栋建筑不宜采用不同岩（土）层作为持力层；④应注意是否存在软弱下卧层，存在时应进行验算。

预应力管桩基础的设计要点（见图 3-79）：①根据勘察报告数据或工程前试桩数据确定单桩承载力，单桩承载力不应取值过低或过高，过低会增加造价，过高则影响工程安全及后期检测；②考虑周边环境及已有建筑物的情况合理选取沉桩方式及打压桩参数，沉桩方式及打压桩参数对桩的穿透性及单桩承载力也会有一定的影响；③选取合理的荷载效应组合对桩基及承台进行计算。

灌注桩基础的设计要点（见图 3-80）：①灌注桩承载力应以桩身承载力控制，桩身混凝土强度可根据施工条件适当提高以提高单桩承载力；②确定单桩承载力之后可根据勘察报告岩土参数确定入岩深度或是否需要设置扩大头、注浆等措施；③选取合理的荷载效应组合对桩基及承台进行计算。

图 3-79　预制桩

图 3-80　灌注桩

3.3.7 高强钢筋 HRB500 在高层工业建筑的应用分析

从国家和行业政策导向判断，逐步限制、禁止使用低强度建筑材料，推广采用高强度建筑材料将是大势所趋。随着四级钢（HRB500）在建筑市场上的推广，会有越来越多设计及建设单位选择采用四级钢。本节对梁、柱受力主筋分别采用三级钢和四级钢进行对比，分析采用四级钢结构的经济性效益和优缺点。

3.3.7.1 计算模型基本设计参数

基本计算参数：设防烈度 7 度，地震加速度 0.1 g，地震分组第一组，场地类别 Ⅱ 类，特征周期 0.35 s；基本风压 0.6 kN/m²，地面粗糙度 B 类；模型层数为 9 层，结构总高度为 45 m；2 层及以上楼面活荷载取值为 10 kN/m²。

3.3.7.2 梁、柱受力纵筋采用三级钢及四级钢的经济性分析

梁、柱受力纵筋采用三级钢及四级钢的经济性分析见表 3-6。

表 3-6　梁、柱受力经济性分析

梁、柱采用 HRB400			
楼层	板钢含量（kg/m²）（板筋为三级钢）	梁钢含量（kg/m²）	柱钢含量（kg/m²）	梁、板、柱汇总
第 1 层	8.98	22.09	14.96	
第 2 层	9.44	23.35	12.82	
第 3 层	9.44	24.14	10.37	
第 4 层	9.44	23.67	10.31	
第 5 层	9.43	23.09	8.96	
第 6 层	9.43	22.44	8.17	
第 7 层	9.43	22.06	7.57	
第 8 层	9.37	21.82	5.93	
第 9 层	9.37	21.51	4.80	
总价（元 /m²）	9.37	22.69	9.32	41.38

续表 3-6

每平方米总价	34.67	83.94	34.49	153.09
梁、柱采用 HRB500				
楼层	板钢含量（kg/m²）（板筋为四级钢）	梁钢含量（kg/m²）	柱钢含量（kg/m²）	梁、板、柱汇总
第 1 层	8.98	19.58	14.57	
第 2 层	9.44	20.75	12.32	
第 3 层	9.44	21.52	10.00	
第 4 层	9.44	21.05	9.95	
第 5 层	9.43	20.43	8.96	
第 6 层	9.43	20.13	8.18	
第 7 层	9.43	19.69	7.40	
第 8 层	9.37	19.26	5.40	
第 9 层	9.37	19.02	5.09	
平均钢含量（kg/m²）	9.37	20.16	9.10	38.63
总价（元/m²）	34.67	80.64	36.39	151.69

梁主筋采用四级钢，钢筋含量节省 2.53 kg/m²，造价减少 3.3 元/m²；

柱主筋采用四级钢，钢筋含量节省 0.22 kg/m²，总价增加 1.9 元/m²（柱大部分为构造配筋，采用四级钢反而不经济）；

梁、柱主筋均采用四级钢，钢筋含量节省 2.75 kg/m²，总价减少 1.4 元/m²。

3.3.7.3 采用四级钢的优缺点及经验分享

在高烈度区（8 度以上）梁、柱受力主筋或荷载大、跨度大（地下室顶板、仓储、厂房）的梁受力主筋，采用四级钢会带来较好的经济效益，能节省替换钢筋量约5%的造价。采用四级钢还可减小钢筋面积、减少钢筋根数，解决混凝土构件中钢筋拥挤问题，提高混凝土浇筑质量。

四级钢由于比三级钢价格高，在低烈度区框架柱或者荷载、跨度较小的结构中采用，由于不能完全发挥高强度性能的作用，造价反而增加。采用四级钢，由于配筋面积减小、钢筋应力较大，构件裂缝及挠度也会随着增大。

东莞地区的高层工业建筑，一般仅在梁受力主筋采用四级钢时带来的经济效益最大。在施工现场两种钢筋型号混用，施工难度较大，需加强现场管理，避免因钢筋型号混乱造成质量及安全问题。四级钢目前有时市场供应不足，需提前做好材料采购计划，避免延误工期。

3.3.8 高层工业建筑长度超规范要求时的处理措施

高层工业建筑一般体型比较大，结构长度超过规范要求限制时，由于混凝土收缩变形容易产生裂缝，应采取相应措施减少因混凝土收缩而产生的温度裂缝。

3.3.8.1 减少超长混凝土结构温度裂缝的主要措施

减少超长混凝土结构温度裂缝的主要措施一般有设置伸缩缝、伸缩后浇带及膨胀加强带等。

（1）伸缩缝。伸缩缝是为了防止建筑物构件由于气候温度变化（热胀、冷缩），使结构产生裂缝或破坏而沿建筑物或者构筑物施工缝方向的适当部位设置的一条构造缝。伸缩缝是将基础以上的主体结构分成两个独立部分，使建筑物沿长方向可做水平伸缩。

（2）伸缩后浇带。建筑施工中为防止出现钢筋混凝土结构由于自身收缩可能产生的有害裂缝，在基础底板、墙、梁、板相应位置留设的混凝土带。后浇带将结构暂时划分为若干部分，在混凝土达到一定龄期后再浇捣该处混凝土，将结构连成整体。

（3）膨胀加强带。即在结构预设的部位浇筑补偿收缩混凝土，减少或取消后浇带和伸缩缝、延长构件连续浇筑的长度的一种技术措施。

3.3.8.2 伸缩缝、伸缩后浇带、膨胀加强带的优缺点

超长结构设置伸缩缝的优点是减小结构长度，有效避免施工期间混凝土收缩和后期使用时因温度变化引起的变形及裂缝；伸缩缝处混凝土不用进行二次浇筑混凝土，不需增加施工周期。缺点是伸缩缝导致结构整体性能差，设缝处建筑处理容易开裂漏水；伸缩缝设置对建筑外立面及内部使用均会有一定影响。

超长结构设置伸缩后浇带的优点是能有效避免施工期间混凝土收缩引起的变形及裂缝，且没有影响结构的整体性，不需对伸缩缝进行建筑处理。缺点是伸缩后浇带两侧混凝土龄期达到要求后方可浇筑，两侧的混凝土支撑不能过早拆除，严重影响施工周期。

超长结构设置膨胀加强带的优点是与两侧混凝土同时浇筑，对减少施工期间混凝土收缩引起的变形及裂缝有一定的效果；结构不留缝，减少了分缝处理带来的麻烦，大大缩短了工期。缺点是混凝土膨胀剂质量参差不齐，施工效果较难把控。

3.3.8.3 伸缩缝、伸缩后浇带、膨胀加强带的设置原则

结构长度比较长或结构体型复杂，对建筑外立面要求不高时，可采用伸缩缝处理超长问题；对施工进度要求不高且不希望设置伸缩缝（见图 3-81）时，可采用伸缩后浇带（见图 3-82）；施工进度要求快又要求不设伸缩缝时，可采用膨胀加强带。

图 3-81　伸缩缝　　　　　　　　　图 3-82　后浇带

3.3.9 防微振设计

目前，精密设备加工件的精度已经达到纳米级，它不仅需要有精密的加工设备、刀具、精密测量仪器以及高技术水平的工人，良好的设备运营环境也是保证精密设备加工精度的重要因素。如果支承精密设备或仪器的结构振动过大，会对加工精度、表面粗糙度都有较大的影响。有些精密设备、仪器对振动的位移要求很高，几微米的振动位移可能也会使其无法正常工作。

（1）微振动。影响精密设备及仪器正常运行的振动幅值较低的环境振动。

（2）建筑结构防微振体系。为保证精密设备及仪器正常运行，对建筑结构采取减弱环境振动影响的综合措施。

（3）防微振设计。为将环境振动影响控制在精密设备及仪器容许振动值的范围内，在工程设计规划、建筑结构设计与隔振设计等方面采取的综合措施。

3.3.9.1 常见的减振隔振原理

通常采用以下原理来减小或消除振动的影响，达到减振隔振的效果，实现精密设备、仪器的正常运行。

（1）减小扰动。减小或消除振动源，如位于道路边的有精密设备、仪器的厂房，采用无缝线路、减轻车辆的质量、保持路面平坦等方法减小振动源。

（2）防止共振。防止或减小设备、结构对振动的响应，如改变系统的固有频率（改变构件的主要尺寸、采用局部加强结构等）；改变振源的扰动频率（改变机器的转速、采用不同的桨叶数等），防止机器的扰动特性和结构的振型特性间的不良配合等。

（3）采取隔振措施。减小或隔离振动的传递，如位于道路边的有精密设备、仪器的厂房，设置隔振沟以减小或隔离道路上行驶车辆振动的影响。

3.3.9.2 防微振设计之规划、建筑设计经验

（1）有防微振要求的厂房，在规划选址时建议避开有强振源、强噪声、强风沙等不利区域。

（2）厂区的选址建议选择在地基土较坚硬或基岩埋藏较浅的地区，避开软土及填土等不良地质区域；同时建议避开地震活动断裂带，有液化砂土层等不利区域。

（3）厂区内有防微振要求的建筑应远离厂区主干道，同时远离铁路、公路和城市轨道交通线。

（4）厂区内若有锻压机、空压机、冷冻机等动力设备，这些能产生振动的设备应尽可能地远离有防微振要求的建筑。精密设备及仪器应尽可能布置在受振动影响最小的区域。

3.3.9.3 防微振设计之结构设计经验

（1）当楼层布置精密设备或仪器时，动力设备应布置于底层或楼层

边跨，且宜位于梁、墙、柱等结构刚度较大的部位或附近。

（2）当采用混凝土结构的建筑物超长时，不宜设置伸缩缝，而应采用超长混凝土结构无缝设计技术，并采取降低温度伸缩应力的措施。

（3）根据防振需要，可在平台下的部分柱间设置钢筋混凝土防振墙，墙体宜纵横向对称布置，厚度不宜小于 250 mm，墙体不宜开设洞口。

（4）地面上设置的精密设备及仪器，基础底面应置于坚硬土层或基岩上。其他地质情况下，应采用桩基础或人工处理复合地基。

（5）防振厂房同一结构单元的基础不宜埋置在不同类别的地基土上。

（6）对于有防振要求的厂房，其地面结构、工艺层楼盖及独立基础宜进行防振验算，对环境振动、动力及工艺设备振动的影响进行分阶段验算。

有防微振设计的厂房，规划选址时尽可能远离主干道、铁路等有强振源、强噪声的区域；厂区内布置时，精密设备、仪器与冲压机、空压机、冷冻机等能产生振动的设备分开布置，精密设备及仪器尽可能布置在受振动影响最小的区域；重视结构设计，采用减振、隔振措施，将精密设备及仪器在频域范围内的振动控制在容许振动值内，以确保精密设备及仪器的正常运行。

3.4 给排水专业篇

为了满足可持续发展的城市建设需要，在产业园给排水设计时，需要充分考虑周边环境和经济因素，制定合理的设计标准和管道材料选用标准，以保证给排水系统的安全、高效运行，同时最大限度地减少环境污染和资源浪费。在进行产业园给排水设计时，有以下七个方面需要注意：

（1）厂房类型。

（2）消防给水系统。

（3）生活给水系统。

（4）热水系统。

（5）海绵城市。

（6）水质标准和防水质污染。

（7）总图。

3.4.1 消防给水系统

消防给水设计是针对意外突发的火灾设计的消防系统。它是为了保证在发生火灾时，能够尽快地把火情降到最低，从而保障建筑、居民的生命财产安全。科学的消防设计不仅能够节约资本、劳动力、建筑面积等宝贵资源，还能够科学快速地对火灾进行抑制，最大限度地保护人们的生命财产安全。要科学地设计产业园的消防系统，首先需要明确厂房性质，按规范要求设计。各类厂房消防给水规范见表3-7。

表 3-7　各类厂房消防给水规范

厂房类型	甲类厂房	乙类厂房	丙类厂房	丁、戊类厂房
厂房	常温下能自行分解并导致迅速自燃或爆炸的物质	不属于甲类的氧化剂，不属于甲类的易燃固体	可燃固体	对不燃物质进行加工
厂房举例	闪点小于28℃的油品和有机溶剂、硝化棉厂房等	闪点大于28℃至小于60℃的油品和有机溶剂、铝粉或镁粉厂房等	闪点大于60℃的油品和有机溶剂、铝粉或镁粉厂房等	金属冶炼、锻造厂房

目前，东莞产业的代表行业以电子信息、装备制造等为主，在厂房类型中多属于丙类厂房。

3.4.1.1 消火栓给水系统

消火栓是一种固定式消防工具，主要作用是控制可燃物，隔绝助燃物，消除着火源。消火栓系统由消防管道、室内消火栓设备、消防增压泵、消防稳压泵、消防水池、消防水泵接合器、消火栓按钮等组成。

（1）需要设置消火栓系统的厂房类型见表3-8。

表3-8　需要设置消火栓系统的厂房类型

需设置消火栓厂房	不需设置消火栓厂房
建筑占地面积大于 300 m² 的厂房和仓库	耐火等级为一、二级且可燃物较少的单、多层丁、戊类厂房（仓库）

（2）消火栓的位置设置见表3-9、图3-83、图3-84。

表3-9　消火栓的位置设置

消火栓位置设置	消火栓靠边设置	消火栓中间设置
优点	①消火栓远离中心位置，中间空间切割、机器布置方便；②消火栓主管网与喷淋管网交叉少，如果有交叉时，交叉部位靠近墙边，处理方便，对层高影响很小	消火栓数量少，造价低
缺点	消火栓数量多，造价高	①消火栓靠近中心位置，中间空间切割、机器布置不方便；②消火栓主管网与喷淋管网交叉多，如果有交叉时，交叉部位靠近建筑物中部，不好处理，对层高影响很大

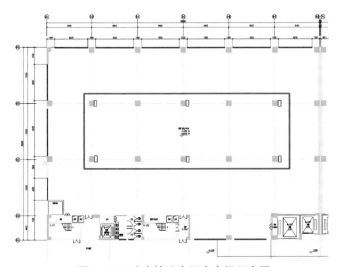

图 3-83　消火栓设在厂房中间示意图

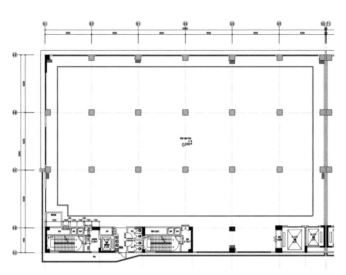

图 3-84　消火栓设在厂房周边示意图

（3）消防主管与支管的布置见表 3-10、图 3-85、图 3-86、图 3-87。

表 3-10　消防主管与支管的布置

消防主管与支管的布置	消火栓主管、支管全部穿梁处理	消火栓主管穿梁、支管梁下吊装	消火栓主管、支管均梁下吊装
优点	①室内管道安装美观； ②与其他设备管道交叉少； ③厂房净高可以得到最大的满足	①室内管道安装相对美观； ②前期需与结构专业核对主梁、次梁高度； ③厂房净高可以得到最大的满足	①施工方便、简单； ②造价最低
缺点	①土建施工时需提前安装套管； ②套管需预埋在同一条直线上，施工工艺要求高； ③造价高	①土建施工时需提前安装套管； ②主梁套管需预埋在同一条直线上，施工工艺要求相对较高； ③造价相对较高	①对厂房净高有影响； ②容易与其他设备管道交叉

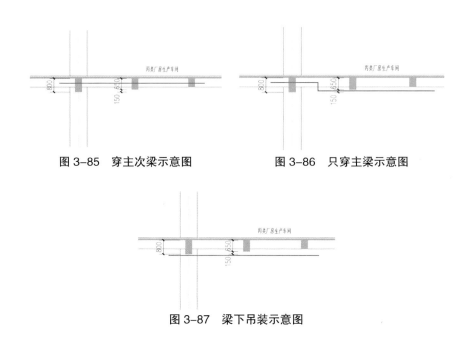

图 3-85　穿主次梁示意图　　　　　图 3-86　只穿主梁示意图

图 3-87　梁下吊装示意图

3.4.1.2 喷淋系统

喷淋系统由喷淋头、信号阀、湿报阀、延时器、水力警铃、压力开关、水流指示器和末端试水装置等组成。

（1）需要设置喷淋系统的厂房类型见表 3-11。

表 3-11　需设置喷淋系统的厂房类型

需设置喷淋系统的厂房	①占地面积大于 1500 m² 或总建筑面积大于 3000 m² 的单、多层制鞋、制衣、玩具及电子等类似生产的厂房； ②占地面积大于 1500 m² 的木器厂房； ③高层乙、丙类厂房； ④建筑面积大于 500 m² 的地下或半地下丙类厂房
需设置喷淋系统的仓库	①可燃、难燃物品的高架仓库和高层仓库； ②总建筑面积大于 500 m² 的可燃物品地下仓库； ③每座占地面积大于 1500 m² 或总建筑面积大于 3000 m² 的其他单层或多层丙类物品仓库

目前，东莞产业的代表行业为电子信息、装备制造等为主，在厂房类型中属于丙类厂房，设计的产业园基本都需要设置喷淋系统。

（2）喷头布置的几种方式见图 3-88、图 3-89、图 3-90。

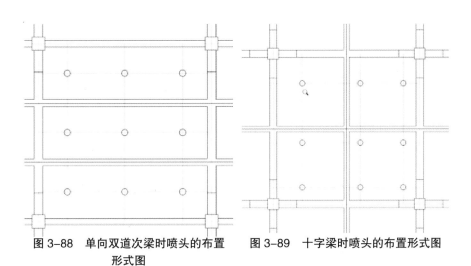

图 3-88　单向双道次梁时喷头的布置　　　图 3-89　十字梁时喷头的布置形式图
　　　　　形式图

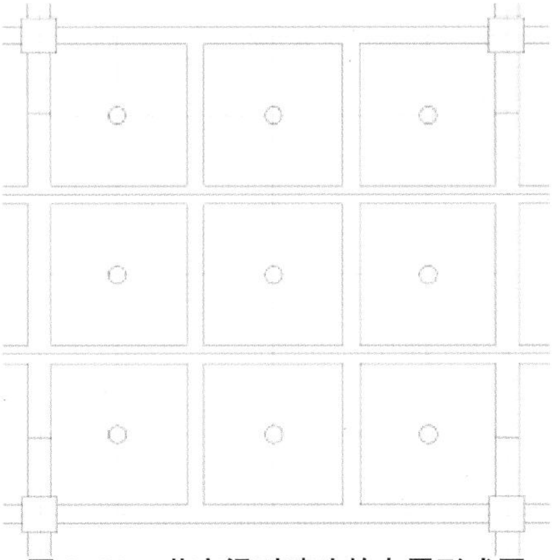

图 3-90　井字梁时喷头的布置形式图

（3）喷淋主管与支管的关系见图3-91。

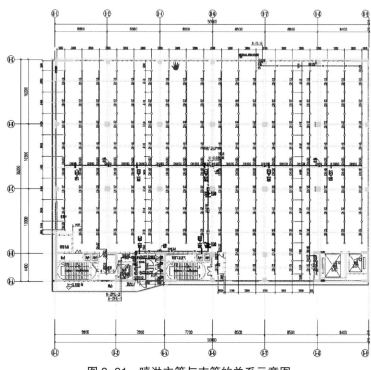

图 3-91　喷淋主管与支管的关系示意图

（4）喷淋湿式报警阀的设置位置：

①有地下室，设置在地下室。

②没有地下室时可以设在楼梯间内，湿式报警阀的附近需考虑设置排水措施（见图3-92）。

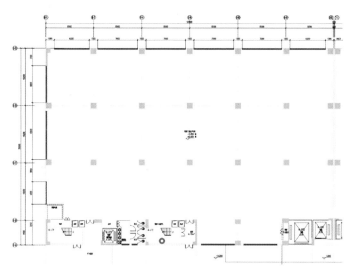

图 3-92　没地下室时湿式报警阀设置的位置示意图

（5）设有喷淋系统的厂房，为防止喷淋误动作，建议厂房内部设置几个排水地漏（见图 3-93），防止造成厂房设备的损坏。

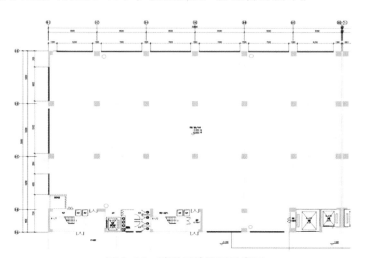

图 3-93　喷淋系统设置示意图

（6）消防系统管材的选用。消防给水管绝大多数采用架空敷设方式。架空消防给水管当系统工作压力小于或等于 1.20 MPa 时，可采用热浸锌镀锌钢管；当系统工作压力大于 1.20 MPa 时，应采用热浸锌镀锌加厚钢管或热浸镀锌无缝钢管；当系统工作压力大于 1.60 MPa 时，应采用热浸镀锌无缝钢管。自动喷水灭火给水管可采用沟槽连接件（卡箍）连接、法兰连接，当安装空间较小时应采用沟槽连接件连接。

3.4.2 产业园给水系统

生活给水系统是供居住建筑、公共建筑与工业建筑饮用、烹调、盥洗、洗涤、沐浴、浇洒和冲洗等生活用水的给水系统。

3.4.2.1 生活给水系统对比

生活给水系统对比见表 3–12。

表 3–12　生活给水系统对比

系统形式	变频给水系统	无负压加压给水系统
优点	①生活水池大，供水稳定性高； ②设备造价比较低； ③适用范围广，不受市政管网条件约束	①可节省 50% 以上的兴建水池费用； ②可节电 30% 左右
缺点	①水池占地面积大； ②设备运行费用高	①设备费用较高； ②储水量少，一般储水量只有 1 小时的用水量，如果市政管网停水超过 1 小时，无负压泵组就不能运行； ③市政给水管管径需比无负压给水泵组出水管管径大两号； ④采用无负压供水设备需得到当地市政部门的许可

3.4.2.2 生活给水管管材

给水系统采用的管材、配件、设备、仪表等应符合现行产品标准的要求。生活饮用给水系统所涉及的材料必须符合《生活饮用水输配水设备及防护材料的安全性评价标准》（GB/T 17219—1998）的要求。管道及管件的工作压力不得大于产品标准公称压力或标称的允许工作压力。当生活给水与消防共用管道时，管材、配件等还须满足消防的要求。在符合使用要求的前提下，应选用节能、节水型产品。卫生器具和配件应符合《节水型生活用水器具》（CJ/T 164—2014）的要求。

埋地管道的管材，应具有耐腐性和能承受相应的地面荷载的能力。可采用给水钢塑复合压力管，室外明敷管道一般不宜采用铝塑复合管、给水塑料管。室内给水管应选用耐腐蚀和安装连接方便可靠的管材。明敷或嵌墙敷设一般可采用塑料给水管、钢塑复合压力管。生活泵房内的管道一般采用不锈钢管。

给水管道上使用的各类阀门的材质，应耐腐蚀和耐压。根据管径大小和所承受压力的等级及使用温度等要求确定，一般可采用全铜、全不锈钢、铁壳铜芯和全塑阀门等。

3.4.2.3 集中热水系统

集中热水供应系统是利用加热设备集中加热冷水后通过热水管网送至各热水配水点，为保证系统热水温度，需设循环回水管，将暂时不用的部分热水再送回加热设备。产业园中的配套宿舍建筑，因为有集中热水的需求。根据东莞市相关规定，集中热水系统形式的对比见表 3-13。

表 3-13　集中热水系统形式的对比

系统形式	"太阳能 + 空气源热泵"系统	空气源热泵系统	电热水器系统
主要设备及布置位置	太阳能板、热泵机组直接放屋面	热泵机组直接放屋面	每户阳台设置

续表 3-13

系统优点	①对于东莞这种冬暖夏热的地区，一年中有一段时间热泵机组可以很少时间启动；②节能效果最好，电费最便宜	①普通空气能热泵的能效比一般在3.0以上。同样的工作环境下，空气能热泵采暖所产生的费用只有燃气热水器的1/3左右，只有电热水器的1/4左右；②在热泵工作的过程中，仅仅消耗电能，不会产生臭氧、一氧化碳、二氧化硫等常见的空气污染物；③其内部良好的水电隔离结构，杜绝了误触电的风险；④空气能热泵系统使用寿命往往在15年以上，基本做到了不受使用环境的影响，可全天候运行	①初期投资少；②安装方便；③管理简单
系统缺点	①前期投资比较大；②运营管理比较复杂，设备比较多，发生设备故障的概率比较大；③太阳能板经常需要清洗，太阳能支架需要经常维护保养，5～6年后太阳能板、支架保养不到位，容易生锈腐烂	①前期投资低于"太阳能＋热泵"，高于分散式热水器；②运营管理比"太阳能＋热泵"简单，但是比分散式热水器复杂	①能耗高；②设置的位置不合适会容易有触电的风险；③一般运行7～8年后需要更换
政策要求	允许采用	允许采用	有集中热水需求的宿舍不允许采用

3.4.2.4 热水系统管材

产业园生活热水系统的热水管道应选用耐腐蚀、安装连接方便可靠、符合饮用水卫生要求的管材。常用的管材包括薄壁不锈钢管、薄壁铜管等管材。

对于产业园建筑来说，采用铜管价格较高。从综合性价比（经济性、强度性能、卫生性、耐腐蚀性、使用寿命、安装便利性）指标来说，薄壁不锈钢管是产业园建筑生活热水系统管道的最佳选择之一。

对于一般热水薄壁不锈钢采用奥氏体不锈钢 SUS304，对于耐腐蚀性要求较高（海水或氧离子浓度较高）的地方宜采用奥氏体不锈钢 SUS316 或 SUS316L。

3.4.3 海绵城市

海绵城市是指城市能够像海绵一样，在适应环境变化和应对自然灾害等方面具有良好的"弹性"，下雨时吸水、蓄水、渗水、净水，需要时将蓄存的水释放并加以利用。海绵城市的建设应遵循生态优先的原则，将自然途径与人工措施相结合，在确保城市排水防涝安全的前提下，最大限度地实现雨水在城市区域的积存、渗透和净化，促进雨水资源的利用和生态环境的保护。在海绵城市的建设过程中，应统筹自然降水、地表水和地下水的系统性，协调给水、排水等水循环利用各环节，并考虑其复杂性和长期性。

建设海绵城市的六大措施：

（1）渗：通过土壤来渗透雨水，这同时也是一种吸纳雨水的过程。这种方式可以避免地表径流，减少雨水从水泥地面、路面汇集到管网里，可以涵养地下水，补充地下水的不足，可以净化水质，还可以改善城市微气候。

（2）蓄：把降雨蓄起来，蓄是为了利用，也是为了调蓄和错峰。

（3）滞：延缓短时间内形成的雨水径流量。

（4）净：通过土壤的渗透、植被、绿地系统、水循环等，对水质产生净化作用。

（5）用：是指加强雨水资源的利用，将雨水收集净化以后，直接用于洗车库、浇花、浇树等。

（6）排：降雨多了，渗透不完，也用不了那么多，这就必须要采取人工措施，把它排掉。

以下是几种海绵城市的常见做法，见图 3-94 至图 3-98。

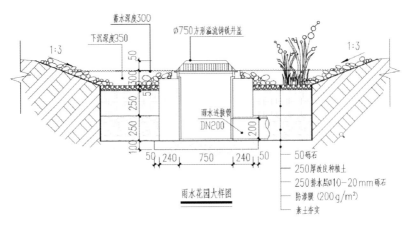

图 3-94　雨水花园构造示意图

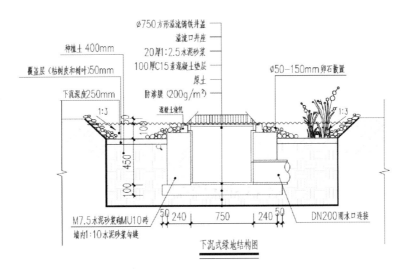

图 3-95　下沉式绿地构造示意图

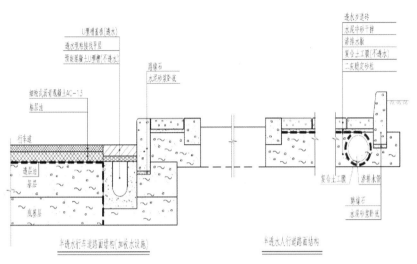

图 3-96 透水铺装构造示意图 1

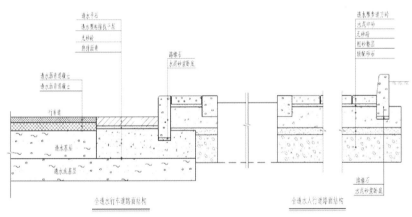

图 3-97 透水铺装构造示意图 2

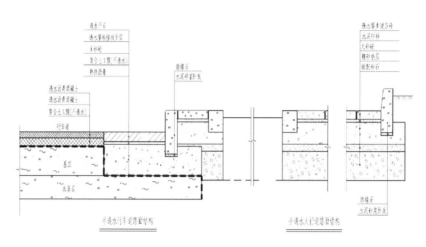

图 3-98　透水铺装构造示意图 3

3.4.4 水质标准和防水质污染

生活饮用水的水质应符合现行国家标准《生活饮用水卫生标准》（GB 5749—2022）的要求。

贮存有害有毒液体的罐区，化学液槽生产流水线，含放射性材料加工及核反应堆，加工或制造毒性化学物的车间，化学、病理、动物试验室，医疗机构医疗器械消毒间，屠宰车间，注入杀虫剂等药剂喷灌系统，其他有毒有害污染场所和设备、无注入任何药剂的喷灌系统，畜禽饮水系统，冲洗道路、汽车冲洗软管等及其他需要设置的场所，应根据要求采取可靠的、有效的防回流措施和装置（包括设置独立的供水系统）。工业生产给水还应执行现行的有关专门规范和规定。

3.4.5 总图

厂区在进行给排水总图设计时，应根据现有的水压资料和厂区建筑性质及建筑高度确定厂区给水方式。在保证供水安全的前提下，必须充分利用市政外网设计压力，尽量降低加压供水的范围；设计雨、污水管时，应根据整个厂区的地势走向，并结合周边的排水设施条件来划分排水区域。管线坡向一般和道路坡向保持一致，这样既可减小埋深，又可降低造价。在确定管线标高的同时，应注意平衡雨、污水交叉管线的垂直净距，以免在以后的设计过程中管道交叉过不去。

管网布置时需与电气、燃气等专业进行协调，避免在设计时出现管网交叉打架情况（见图 3-99）。

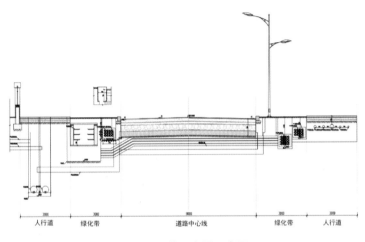

| 人行道 | 绿化带 | 道路中心线 | 绿化带 | 人行道 |

图 3-99　管网布置示意图

生活排水管道的选择，应综合考虑排放介质的适用情况、建筑物的使用性质、建筑高度、抗震要求、防火要求及当地的管道供应条件等。经技术和经济比较后，因地制宜合理选用。

（1）硬聚氯乙烯（PVC-U）排水管。此种管材是产业园建筑常用的一种塑料排水管，采用胶水（胶粘剂）粘接连接。

（2）柔性接口机制铸铁排水管。无论是多层还是高层建筑，绝大多数场所的排水管均可以采用柔性接口机制铸铁排水管。柔性接口机制铸铁排水管的连接方式有法兰压盖式承插柔性连接和无承口卡箍式连接，其中，第二种连接方式应用得越来越多。但是这种管材价格比较贵，产业园一般用得比较少。

（3）室外排水管道小于等于 DN 500 时，采用 HDPE 双壁波纹管，塑料排水管的环向弯曲刚度不宜小于 8 kN/m^2。

（4）室外排水管道大于 DN500 时，采用钢筋混凝土管。

3.5 电气专业篇

随着工业化的发展，工业建筑电气设计的重要性日益凸显，合理的电气设计基础是工业建筑的经济效益和安全运营的保证。工业建筑设计理念应符合"高效、经济、合理、安全"的原则。为了符合工业建筑设计理念，电气设计应当从供配电系统，应急、消防电源系统，太阳能系统，分布式光伏发电系统等方面考虑。

3.5.1 供配电系统

供配电系统的设计，应根据用户的重要性、负荷性质、用电容量、工程特点、系统规模、建设规划、当地电源条件和电网发展规划等，考虑远、近结合，在满足近期使用要求的同时，兼顾发展的需要。并结合当地供电部门根据工程所在地的公共电网现状及其发展规划，结合本工程的性质、特点、规模、负荷等级、用电量、供电距离等因素，确定项目的外部电源、自备电源及用户内各类用电设备的供配电系统。

3.5.1.1 供电系统的一般原则

供电系统的一般原则包括：供电可靠、操作方便、运行安全灵活、经济合理、具有发展的可能性。

3.5.1.2 供配电系统的常见方案

（1）放射式供电系统。放射式供电是供电设置在中间、负载分布在周围的方式。放射式供电可靠性高、方便管理，但线路和高压开关柜数量多。放射式接线的优点是每个负荷由一单独线路供电，发生故障时影响范围小，可靠性高，控制灵活，易于实现集中控制；缺点是线路多，所有开关设备多，投资大，因此这种接线多用于供电可靠性要求较高的项目。

（2）树干式供电系统。树干式配电是由电源引出一条供电回路（即供电干线），多个用电负荷并联在这条供电回路上的供电方式（见图3-100）。

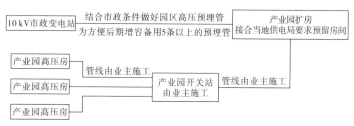

图 3-100　树干式供电系统示意图

其优点是开关设备及有色金属消耗少，采用的高压开关数少，比较经济。缺点是干线故障时，停电范围大，供电可靠性低；实现自动化方面适应性较差。

3.5.1.3 供配电系统总结

选择供配电系统时，除了考虑供电可靠稳定外还需要经济合理。产业园区的用电形式大体可以分为工业用电、宿舍用电、公共区用电、充电桩用电。产业园区可以根据用电种类采用放射式和树干式相结合的供电方案。比如在建产业园区，由总业扩房向高压房供电时，根据用电形式，宿舍、公共区、充电桩采用放射式配电；工业用电的单体多，用电相对均匀可采用树干式配电。在实际应用中，更多地会采用放射式与树干式相结合的混合式配电，即采用放射式与树干式相结合的方式。

3.5.1.4 产业园项目使用情况

因为产业园项目的使用情况前期不明确，供电报装也为阶梯式报装，设计前应充分考虑后期增容的预理工作及后期设备的搬运工作。达到增容的情况下尽量不会破坏已有路面及绿化，搬运的时候不影响已投入使用的设备。具体措施如下：

（1）结合市政条件，找出高压驳接点，除了正常使用的管线以外应备用 5 条以上的高压预埋管。

（2）设备房的门应能直接对外，且门宽不小于 1.5 m，搬运通道不小于 2.5 m。如果设备房预留 2 层，需要做可拆卸的门窗以满足后期设备的吊装要求。

（3）如果同一个设备房需要分阶段性安装，先安装的设备靠内侧，后安装的设备靠外侧或吊装口侧，并保证已安装的设备有足够的检修搬运通道。

3.5.2 应急、消防电源系统

随着工业化的迅猛发展，建筑物逐渐升级和改造。电力系统是现代建筑中必不可少的组成部分，应急、消防用电是其中非常重要的一环。因此，在消防用电的设计上，必须严格按照相关现行标准进行规范设计。

3.5.2.1 消防设计的原则

消防设计的原则包括安全性、可靠性、经济性、供电连续性、规范性。

3.5.2.2 应急、消防电源系统常见方案

（1）柴油发电机组。柴油发电机组是我们常见的消防备用电源之一。

柴油发电机组在选址上应该注意两点：首先，发电机组应靠近负荷中心，为节省有色金属和电能消耗，确保电压质量。发电机组的设置应遵循有关规范对防火的要求和防止噪声、振动等对周围环境的影响。其次，从保证发电机组有良好的工作环境（如排烟、排风、送风等）考虑，最好将机组布置在建筑物首层，但大型民用建筑的首层往往是黄金层，难以占用。根据调查，目前高层建筑的柴油发电机组已有不少设在地下一层，运行效果良好。机组设在地下层最关键的是一定要处理好通风、排烟、消声和减振等问题。

设置柴油发电机组时需要考虑以下基本因素：

①负载的大小，如果单机负载过大时应该将两台或多台柴油发电机

组并机。

②用电设备瞬间电压 / 频率波动变化的允许值。

③用电设备稳态电压 / 频率波动变化的允许值。

④可允许的谐波含量。

⑤机房的通风、排烟状况是否良好。

⑥负载的特性（如非线性负载、用电设备单机最大功率等）。

柴油发电机组具有以下优点：

①柴油比其他一些能源如汽油、煤炭等便宜很多。使用柴油发电机组，可以节省 28% ～ 30% 的运行成本。

②柴油发电机组，电力供应充足，选择余地广阔。维修方便、坚固耐用，只要保持平时的正常保养维护就可达到使用要求。

③柴油发电机组的结构构造允许它通过内部水循环来迅速降温从而达到长时间工作，满足消防用电的使用。

④柴油发电机组操作便捷，使用简单，能很好地和工作电源联动，能在满足时间要求的前提下自动启动。

柴油发电机组的缺点：

①柴油发电机组在工作过程中，会产生大量高温的废气和烟雾。

②与汽油和天然气发电机相比，柴油发电机组的噪声很大。

③在温度极低的地方使用时，柴油机启动困难。

（2）10 kV 双高压系统供电。10 kV 双高压系统供电是指分别从能满足消防使用的不同的变电站引入的专用线路。

设备 10 kV 双高压系统供电需要考虑以下基本因素：

原则上第一路 10 kV 高压线路是由供电公司提供外电工程建设服务，投资延伸至业主红线，但增设备用 10 kV 专线成本为业主投资（具体实施以当地供电公司为准）。如果选择 10 kV 双高压系统供电，需要在设计前和当地供电公司充分的了解供电点和路由。

10 kV 双高压系统供电的优点：

①不限定不负载，能满足各种情况下的用电要求。

②后期运行稳定，在供电设备运行指标的日常检查、用电安全管理方面提供了远程方便而快捷的手段。

③因为是不同变电站引入 10 kV 双高压，已满足消防、应急等各用电需求，可以取消柴油发电机组供电。

10 kV 双高压系统供电的缺点主要是，10 kV 双高压系统供电的要求很局限，很多地区无法达到两个变电站，原因是路由很远。

3.5.2.3 应急、消防电源系统的总结

目前，常用的大负荷应急、消防电源包括柴油发电机组和 10 kV 双高压系统供电。由于柴油发电机的容量较大，持续供电时间长，还可独立运行，可靠性较高。尤其是对于一些地区市电不明确的，将柴油发电机作为备用电源，既能起到应急、消防的作用，又能通过底压系统合理优化，将一些平时比较重要的负荷在停电时使用，因此在工程中得到广泛运用。因此，前期在各种市政条件不明确的情况下，可以优先考虑柴油发电机组。

3.5.3 分布式光伏发电系统

为进一步加快推进光伏项目的开发应用，全面贯彻党的十九大和十九届历次全会精神，以"碳达峰、碳中和"目标为引领，以全国整镇（县）光伏试点为契机，以公共建筑、工业厂房等为重点，大力推进光伏开发应用和节能减排，构建"清洁低碳、安全高效、智能创新"的现代能源体系，为推动在"双万"新起点上加快高质量发展提供坚实能源保障。

分布式光伏发电系统并网是把太阳能转化为电能，并通过电伏逆变器等电力电子装置将直流变换为交流电后接入电网。

3.5.3.1 房建项目建设光伏项目的基本原则

（1）不得在违法建筑上加装太阳能光伏系统。

（2）屋顶太阳能光伏系统（组件、支架、逆变器、汇流箱）不能超出屋顶面积设计和安装。

（3）已鉴定为 C 级、D 级的危旧房和存在安全隐患的老旧房屋不能安装光伏项目。

（4）严守安全底线，安装光伏项目应避开洪涝、滑坡等自然灾害易发区域。

（5）多层住宅安装光伏项目的，应确保消防应急、市政配套设施等建设到位。

（6）屋顶承重不足的建筑物不得安装光伏项目。

3.5.3.2 分布式光伏发电系统的设计原则

（1）根据《关于加快水乡功能区建筑屋顶光伏行动的实施意见》（东水乡函〔2022〕8 号）文件要求：工商业厂房屋顶总面积可安装光伏发电比例不低于 30%，社会投资新建厂房安装比例不低于 60%。

（2）非水乡片区的厂房可参照水乡要求比例预留后期安装条件（如有规划要求按规划要求实施）。

（3）分布式光伏发电系统的总结：随着低碳经济的发展，我国分布式光伏发电迎来了快速发展阶段。近年来，全国充分重视分布式光伏技术应用，出台了一系列法规、政策，极大地推动了分布式光伏发电的发展。

3.5.4 充电桩

为全面贯彻落实《国务院办公厅关于印发新能源汽车产业发展规划（2021—2035 年）的通知》（国办发〔2020〕39 号），支撑新能源汽车产业发展，突破充电基础设施的发展瓶颈，推动构建新型电力系统，助力"双碳"目标实现，我国电动汽车充电保障能力进一步提升，形成了适度超前、布局均衡、智能高效的充电基础设施体系（见图 3-101）。

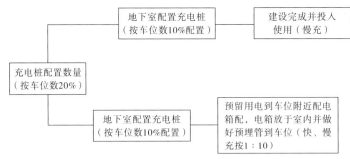

图 3-101　充电桩配置与车位比例

（1）新建工业建筑配建筑停车场，配置充电桩的比例大于等于
10%，预留充电桩的比例大于等于 10%。变压器荷载按 20% 综合配置。

（2）工业园区、科技园区的慢、快充电配置比例按 10∶1 配置。

（3）有地面停车场（除卸货区）的，充电桩优先考虑地面停车场，
慢充也可考虑在地下室人防区设置。

（4）如果充电桩要做地下室需要配置相应的消防设置，如果有预留
部分建议优先考虑地面预留。

（5）绿建最小要求充电桩按 2% 配置，否则无法满足园区的后期发展，
如无规划要求建议按 20% 配置，如有规划要求的优先按规划要求实施。

3.5.5 产业园配套建筑安装措施

3.5.5.1 变配电房的布置及总图管线

布置变配电房应做到安全可靠、技术先进、经济合理，并保证供电
质量，减少运行过程中的电能损失。结合工程特点、规模和发展规划，
做到近远期结合，以近期为主，并考虑扩容的可能性。

近几年，东莞地区的年平均降雨量为 1780 mm，最高降雨量已达到
1 小时 30 mm，造成院区排水不及时、内涝等情况。产业园项目多为生产
及研发等单位使用且人员比较密集，如果停电会造成较大的经济影响和
人身安全事故。为了避免以上事故发生，配电房应优先考虑地面或以上
设计。

　　变配电房选址时除了安全外还应考虑经济合理。产业园区的变配电房分为宿舍区变配电房、公区变配电房、工业区变配电房。为了尽量缩短电气路由宿舍区的变配电房应靠近宿舍区布置，公区变配电房应考虑尽量在负荷中心布置，因工业区用电负荷大，需要 1～2 栋楼设一个变配电房。所有变配电房的选址不能在场地的低洼路段。总图管网应结合实际情况选择距离最近、交叉最少的路由。具体措施如下：

　　（1）电压降是指电路当中的能量在电源的作用下经过两点时所释放出的一种能量差。所以，当线路越长电损越多，有效率地控制电缆长度、减少电损是设计时考虑的措施之一。当供电容量超过 500 kW、供电距离超过 250 m 时，应增设变配电所（见图 3-102）。

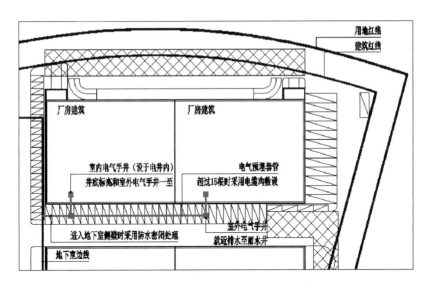

图 3-102　变配电房及总图管线布置示意图

　　（2）为了不造成园区沉降，管线敷设应尽量避开会遭受机械外力、过热、腐蚀等场所，避开规划用地。尽量不要大面积使用套管敷设，当室外埋管数量小于 15 根时可采用套管敷设，绿化带等不受压力影响的区域可采用 PVC 塑料排管敷设，车行道、停车位等处采用管壁厚度不小于 2 mm 的钢导管，并采取防腐措施。当同一路由的预埋管太多时，使用电缆沟敷设。

（3）采用电气手井预埋管做法应注意：

①进户和出户处室内电气手井和室外电气手井的深度应一致。

②电气手井应做好排水措施，出、入户应做好防水密闭措施。

③电气手井尽量做到绿化带、人行道和停车位上，避开车行道，预埋管过车行道时应做好防护措施。

（4）采用电缆沟做法应注意：

①进户和出户处电缆沟局部和室内电气手井的深度应一致。

②电缆沟做好排水措施，出、入户做好防水密闭措施。

③电缆沟避开车行道，从绿化带、人行道和停车位上敷设。过人行道时优先考虑埋管敷设，如管线太多采用电缆隧道。

3.5.5.2 地下室综合管网

有效的综合管网设计可以提升地下室净高，提升机电设备整体安装管理水平，避免因消防管线抢先占有利地形先行安装，而造成其他专业无法施工；避免风管、水管布置不合理，包括未考虑间距等诸多因素（见图 3-103、图 3-104）。

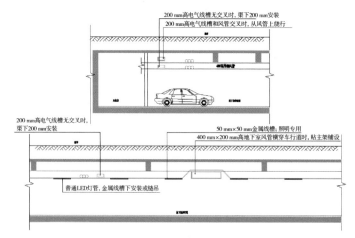

图 3-103　地下室管线交叉示意图 1

（1）对于管线较少部位或功能单一的管线，一般贴大梁底平铺，使用综合支架即可。管线密集交叉处需合理排布，减少翻弯、碰撞，使用单层或多层槽钢支架。

（2）全面关注影响管线综合的各类因素，除建筑结构及管线本身尺寸外，还要考虑保温层厚度，施工维修所需要的间隙，吊架角钢、吊顶龙骨所占空间，以及吊柜空调机组、吊顶内灯具、喷淋、风口、检修口，装修造型等各种有关因素。

（3）为有效地达到使用要求和合理节能，地下室车位和车道照明应采用独立回路，可分时间控制、手动按钮控制，车道采用隔盏控制。

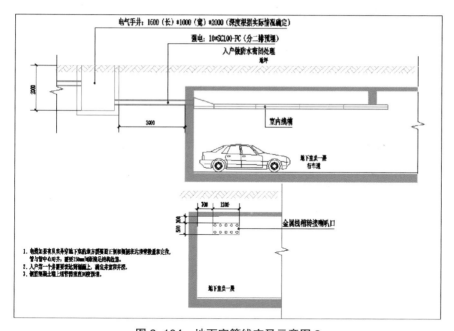

图 3-104　地下室管线交叉示意图 2

（4）当配电房地面配置时，会有大部分管线穿地下室侧壁，造成预埋管多，无法达到结构要求，为此我们建议如下：

①穿地下室侧壁的室外手井的深度应根据地下室侧壁预埋管的深度来确定。

②因为室外电缆管的埋深和穿地下室侧壁管的深度不在同一高度，

所以靠近地下室的电气手井长度应该考虑电缆的转弯半径。

③利用地下室的线槽吊装高度来确定侧壁预埋管高度。

④侧壁预埋管不宜超过 15 条直径 100 mm 的套管，如超过 15 条套管建议分散预埋，且预埋管与管之间不得小于 150 mm。

⑤电气手井及电缆沟需要考虑排烟措施（见图 3-105）。

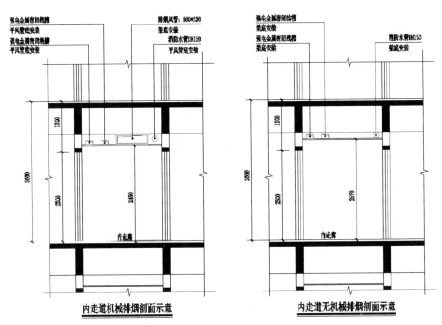

图 3-105　内走道机械排烟剖面示意图

（5）为了控制层高电气线槽应避开车道，不能水平在车道上方布置；电气线槽不得穿防火卷帘门。

（6）宿舍楼配电及设备管线的控制。

①宿舍的配电采用树干式和放射式结合的方式设计。每层楼独立设计电表箱，电表集中放于电井内（属于内部抄表，电表可选用电子式节约电箱空间）。

②为了有效地节约电线长度，如果单边走道长度大于 50 m 时，每层可增设电井（分二侧平均布置）。

③公共走道尽量控制层高，最优地达到美观效果。优先考虑走道不

做机械排烟，减少设备层高度；主梁底到天花骨架处需要 250 mm 的设备层高度即可满足水电安装需求。如果是需要做机械排烟的情况，走道局部高度需要达到 420 mm 才能满足水电通的安装需求。

④为了满足电井出来到走道的线槽不会太低，走道上的梁，电井到走道的梁，高度必须一致，才可以有效地控制层高。

3.5.6 工业厂房配电

（1）工业厂房的动力配电一般要在确定使用单位后进行深化设计，前期的电气设计内容仅包含：公共区的照明、插座、消防设计、防雷、接地设计。生产车间内的照明及动力配电由招商后深化设计〔工业用电负荷按 130 W/m² 预留（含空调）〕。

（2）屋面洞时防水不好处理，应优先考虑将电井升至屋面，工作、备用箱放于电井内，屋面采用金属密闭线槽并做好防腐、防水抬高 100 mm 敷设。屋面防雷采用镀锌扁钢贴屋面明敷。

（3）从电井出来的梁不能超过厂房内部的主梁高度，以免影响后期工业配电的安装净高。

（4）消防线管二次装修比较难修改，电梯厅出图前应确定好天花样式。如果无吊顶采用壁挂应急灯，如果有吊顶采用吸顶灯。

3.6 暖通专业篇

随着我国城镇化进程的不断加快，人们的物质生活水平不断提升，百姓对生活的品质需求也越来越高，人们日益追求良好的工业环境和办公环境。近年来，住房城乡建设主管部门日益重视和推广"绿色建筑"的设计理念，节约资源和保护环境是我国的基本国策，推进节能减排工作，加快建设资源节约型、环境友好型社会是国家的重要战略任务。暖通空调正是其中的重要一环，如何在产业园项目建设实践中加以应用，是本节主要阐述的内容。

在产业园项目中，暖通专业主要有三个方面内容：建筑防排烟、工业通风和空调系统设计。

3.6.1 建筑防排烟

建筑防排烟分为防烟和排烟两种形式。防烟的目的是将烟气封闭在一定区域内，以确保疏散线路畅通，无烟气侵入。排烟的目的是将火灾时产生的烟气及时排除，防止烟气向防烟分区以外扩散，以确保人员的疏散通路和疏散所需时间。为达到防排烟的目的，必须在建筑物中设置周密、可靠的防排烟系统和设施。建筑防排烟设计必须严格按照现行国家有关设计防火规范的规定。

3.6.1.1 建筑设置防烟、排烟方式的分类

建筑中的防烟应根据建筑高度、使用性质等，采用自然通风系统或机械加压送风系统。建筑中的排烟系统设计应根据建筑的使用性质、平面布局等，优先采用自然排烟系统，其次为机械排烟系统。

3.6.1.2 防排烟设计的基本原则

防烟与排烟设计是在建筑平面设计中研究可能起火房间的烟气流动方向和人员疏散路线，通过不同的假设，找出最经济有效的防烟与排烟设计方案和控制烟气的流动路线，选用适当的防排烟设施，合理安排进风口、排烟口的位置，计算管道截面积并确定管道的位置。

3.6.1.3 建筑防排烟的任务

（1）就地排烟通风以降低烟气浓度。将火灾产生的烟气在着火房间就地及时排除，在需要部位适当补充人员逃生所需空气。

（2）防止烟气扩散。控制烟气流动方向，防止烟气扩散到疏散通道和减少向其他区域蔓延。

（3）保证人员安全疏散。保证疏散扑救用的防烟楼梯间、前室及消防电梯间或合用前室内无烟，使着火层人员迅速疏散，为消防队员的灭

火扑救创造有利条件。

3.6.1.4 需要设置防排烟设施的部位

（1）建筑的下列场所或部位应设置防烟设施。

①防烟楼梯间及其前室。

②消防电梯间前室或合用前室。

③避难走道的前室、避难层(间)。

（2）工业建筑的下列场所或部位应设置排烟设施。

①人员或可燃物较多的丙类生产场所，丙类厂房内建筑面积大于 300 m² 且经常有人停留或可燃物较多的地上房间。

②建筑面积大于 5000 m² 的丁类生产车间。

③占地面积大于 1000 m² 的丙类仓库。

④高度大于 32 m 的高层厂(库)房中长度大于 20 m 的疏散走道，其他厂(库)房中长度大于 40 m 的疏散走道。

3.6.1.5 建筑防烟、排烟方式的选择

建筑防烟、排烟方式的选择见表 3-14。

表 3-14　建筑防烟、排烟方式的选择对比

序号	防烟、排烟方式	适用建筑	设置部位
1	自然通风设施	建筑高度 ≤ 50 m 的公共建筑、工业建筑和建筑高度 > 100 m 的住宅建筑优先采用	封闭楼梯间、防烟楼梯间、独立前室、消防电梯前室、共用前室、合用前室（除共用前室与消防电梯前室合用外）、避难层（间）
2	机械加压送风（设置竖井正压送风）	建筑高度 > 50 m 的公共建筑、工业建筑和建筑高度 > 100 m 的住宅建筑	防烟楼梯间、独立前室、消防电梯前室、共用前室、合用前室、避难层（间）；本表序号 1 中不具备自然通风设施设置条件的上述部位

续表 3-14

序号	防烟、排烟方式	适用建筑	设置部位
3	自然排烟	多层建筑、＜ 1000 m 的地下车库	有外窗或天窗的走道、房间
4	机械排烟	高层建筑、地下室及密闭场、≥ 1000 m 的地下车库	机械排烟房间、走道

3.6.1.6 典型功能项目举例

针对产业园项目的实际试用情况以及设计经验，优先考虑自然排烟、自然防烟，典型功能项目举例如下。

（1）宿舍自然排烟标准层举例（见图 3-106）。

内走道：走道两侧在 1/2 高度以上开窗均不小于 2 m^2。

楼梯间：5 层内可开启外窗不小于 2 m^2。

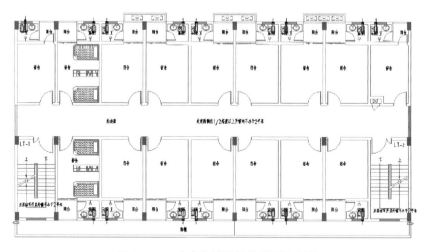

图 3-106 宿舍自然排烟标准层示意图

（2）厂房仓库自然排烟标准层举例（见图 3-107）。

厂房仓库满足自然排烟的条件：

①每个防烟分区在储烟仓内可开启外窗或开口面积大于地面面积的 2%。

②排烟窗（口）与防分区内任一点的水平距离不应大于 30 m。

③当工业建筑净高大于 10 m 时，尚不应大于空间净高的 2.8 倍。

④当窗口设置在外墙上时，应沿建筑两条对边均匀设置。

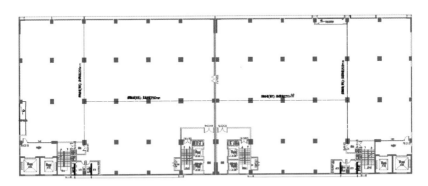

图 3-107　厂房仓库自然排烟平面示意图

（3）厂房仓库机械排烟标准层举例（见图 3-108）。

不得不采用机械排烟时，尽量优化，合并系统，减少机房和管线。

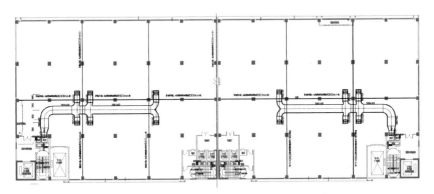

图 3-108　厂房仓库机械排烟标准层平面示意图

3.6.2 工业通风

自然通风是厂房中最常见的通风方式，是在热压和风压作用下不消耗人工能源、经济且绿色的通风方式。由于自然通风易受室外气象条件的影响，特别是风力的作用很不稳定，因此自然通风主要在热车间排除余热的全面通风中采用。某些热设备的局部排风也可以采用自然通风。当工艺要求进风需经过滤和净化处理时，或进风能引起雾或凝结水时，不得采用自然通风。放置极毒物质的生产厂房、仓库，严禁采用自然通风。

随着建筑节能、绿色建筑的要求日益严格，民用建筑合理利用自然通风已经提上设计日程，即优先利用自然通风实现室内污染物浓度的控制和消除建筑物余热、余湿。当利用自然通风不能满足要求时，则采用机械通风。

采用自然通风时，应从总图布置、建筑形式、工艺配置、通风设计等方面综合考虑，才能达到良好的自然通风，改善环境空气的卫生条件。

3.6.3 空调系统设计

空气调节系统一般由空气处理设备、空气输送管道及空气分配装置组成。根据需要，可以组成许多不同形式的系统。

3.6.3.1 空调系统的分类

按空气处理设备的位置分类，空调系统可分为集中系统、半集中系统和分散系统。

（1）集中系统。所有的空气处理设备都集中在空调机房内，集中进行空气的处理、输送和分配。此类系统的主要形式有单风管系统、双风管系统和变风量系统等。

（2）半集中系统。除了有集中的中央空调器外，半集中空调系统还设有分散在各空调房间内的二次设备（又称末端装置）。其主要功能是对送入室内的空气进一步处理，或者除了一部分空气集中处理外，还对室内空气进行就地处理。半集中系统的主要形式有末端再热式系统、风机盘管系统、诱导式系统以及各种冷热辐射式空调系统。

（3）分散系统。每个房间的空气处理分别由各自的整体式局部空调机组承担，根据需要分散于空调房间内，不设集中的空调机房。此类系统的主要形式有单元式空调器系统、窗式空调器系统和分体式空调器系统等。

3.6.3.2 产业园项目空调系统设计

综合考虑产业园的经济性、技术性等特点，降低投资、节能运行是提高产业园营运效益的重要手段。因此，在产业园的空调设计中，一般针对不同功能建筑采用不同方案。

（1）宿舍采用分体空调（预留）。建筑专业预留室外机位置，给排水专业预留排水立管，电气专业预留负荷。

（2）厂房仓库根据具体情况采用分体空调、多联室中央空调或冷水式中央空调机组（预留）。建筑专业预留室外机位置，结构专业预留荷载，给排水专业预留排水立管，电气专业预留负荷。

（3）各种空调技术及运行情况对比（见表 3–15）。

表 3–15　各种空调设置运营对比

系统形式	冷水式空调系统	多联式空调	分体空调
主要设备及布置位置	室外机可以直接放屋面或每层都设设备平台	室外机可以直接放屋面或每层都设设备平台	分体空调就近安装于外墙，不需空调机房
系统优点	① 10000 m² 左右的建筑应用最普遍； ②中央空调能保证向房间输送新风，使房间始终保持空气清新、卫生，可统一设计新风、排风，空调环境舒适； ③中央空调寿命长，一般都可用 12 年以上； ④室内机比较单一，无四面出风天花机	①控制灵活、不用专人开关主机，每个末端都可以启动空调主机，可适应不同加班时间使用； ②室内机的种类比较多，可以与装修密切配合实现豪华、明快之效果； ③室外机可以统一安装，其安装比分体机美观； ④使用寿命长，一般都可用 15 ～ 18 年	①初投资少； ②安装方便

续表 3-15

| 系统缺点 | ①需要设制冷主机房；②须有专门的操作、维护人员 | ①前期投资较高；②室外机需尽量摆放在室外，占用屋面或室外地坪位置 | ①室外机的安装对建筑物外立面影响大；②室内机不容易隐蔽，影响装修效果；③舒适性较差，分体空调只能在设定的温度范围变化，室外机会频频开停，房间温度波动大；④运行效率较低，能效低；⑤分体空调无法送入新风；⑥分体空调寿命短，一般可用 8 年左右；⑦分体空调的凝结水不易处理好 |

3.6.4 关于产业园空调设计的构想

3.6.4.1 在条件允许的情况下，采用可再生能源

工业建筑的空调合理采用水（地）（利用土壤水、江河湖水、污水、海水等）热泵及其他可再生能源。当前，在水（地）热泵应用方面我国很多地区发展较快，但采用水（地）热泵系统应考虑其合理性，如有较大量余（废）热的工业建筑，应优先利用余（废）热；应考虑地源热泵的使用限制条件，如地域条件和对地下水资源的影响等；还应注意对长期应用后土壤温度变化的趋势预测等。由于舒适性空调为常规性要求，水（地）热泵系统较为适用，但工业建筑的工艺性空调要求一般较高或要求较为特殊，采用水（地）热泵作为冷热源，应对其能提供的保障率进行分析后再采用。

3.6.4.2 设置工艺过程和设备产生的余（废）热回收系统，有效收集、梯级利用

工业生产过程中往往存在大量中、低温的余（废）热，这部分热量

由于品位较低，一般很难在工艺流程中直接被利用，我国政府鼓励将这些余（废）热用于工业建筑的工艺、空调及生活热水等。当余（废）热量较大时，可考虑在厂区建立集中的热能回收供热站，以对周边建筑集中供热。当前，吸收式热泵机组在回收低品位的余热领域，已得到较为广泛的应用。同时应该注意，余热回收增加的投资，其静态投资回收期不宜超过 5 年。

3.6.4.3 在有热回收条件的空调、通风系统中合理设置热回收系统

工业建筑设置热回收装置，用于新风的预热（冷）或（经必要的净化处理）用于空调的回风等。计入回收装置的送、排风机增加能耗后的系统净回收效率：显热回收，不应小于 48%；全热回收，不应小于 55%；溶液循环式热回收，不应小于 40%。

3.6.4.4 新型、高效节能环保材料的引入

新型防排烟风管及保温一体化（见图 3-109）。新型一体化漂珠复合风管、漂珠多晶板主要原材料选用漂珠防火板和改性多晶纤维隔热板组成；其密度为 260 ～ 320 kg/m³，可在 1200℃温度下长久使用，1000℃高温导热系数低于 0.1 W/（m·K）；保持了高温保温材料的轻质隔热性又兼具防火板的结构强度，是一款轻体高强度的新型环保高温耐火隔热材料，具有快速成型效率，兼顾耐火好、强度高、寿命长等优点。

图 3-109　新型防排烟风管图示

第4章 面对未来东莞产业园的设计策略

目前，东莞市产业发展正处在新一轮的产业创新和结构调整阶段，产业发展模式和产业类型都在不断地优化调整中。根据《东莞市现代产业体系中长期发展规划纲要（2020—2035 年）》，现阶段，东莞市大力发展的五大新兴产业、未来布局的四大产业以及九大现代服务业都是对东莞传统产业的升级和优化，这些产业类型对产业园区的空间布局、产业空间、建筑形态、交通组织、生态环境、人际交往空间等的要求相对于传统产业园将发生较大的改变，这些产业需要更多的高端人才。加之目前土地资源稀缺，未来东莞产业园的规划设计需要综合考虑未来产业、人以及土地资源等各方面的需求。

4.1 绿色低碳

东莞的产业发展历程，是我国外向型产业经济发展历程的缩影。经过 40 多年的发展，我国的产业发展模式必须进行转型和结构调整，只有倡导绿色、环保、低碳的生产生活方式，实现节能减排，才能提高我国产业和经济的全球竞争力。2020 年 9 月，国家明确提出 2030 年"碳达峰"与 2060 年"碳中和"的目标。绿色低碳策略是未来产业园规划设计的趋势和重点。未来东莞产业园的规划设计策略应以建设生态友好、绿色低碳、绿色发展的高质量环境品质为基本理念，在产业园规划设计过程中充分利用园区所在区域的地域气候特征，发挥园区生态资源优势，衔接区域生态廊道，加强生态景观构建。在产业建筑设计过程中，利用现代化设计技术、策略、手段和材料做到绿色节能。合理规划园区各项系统，做到资源高效利用和绿色发展。

4.1.1 利用当地地域气候特征

影响产业园设计的自然气候因素主要有自然通风、太阳辐射、空气温度和湿度等，充分考虑当地气候特征，通过合理的空间布局、建筑设计、建筑材料、结构等现代化技术，有效利用自然通风、太阳辐射等自然能源，降低产业园的建筑能耗。例如，可根据产业园的主导风向，合理布局园区的高低层建筑，最大限度实现自然风的通常对流。

4.1.2 融入区域生态廊道及格局

以建设生态友好、绿色发展的高质量环境品质为基本理念，在产业园规划设计过程中，最大化发挥产业园现有的生态资源条件及价值，将产业园的生态空间放在区域生态廊道的格局中进行考量与规划。将园区的生态资源与区域生态廊道、生态资源进行充分衔接和链接，实现园区外生态资源的引入，促使园区外的生态条件及环境为园区内服务。最大化地发挥园区生态资源，最大化地利用周边区域生态资源条件，构建以区域生态资源为基础的生态景观格局。

4.1.3 发挥建筑空间节能策略

结合区域气候特征，在夏季炎热且漫长、冬季温暖而短暂的东莞，可优先考虑采用遮阳、采光、隔热、通风等被动式节能设计。例如充分利用环境绿化、底层架空空间、建筑立面、有盖开敞连廊、屋顶花园、建筑连廊、遮阳花架、空中花园等设计，设计上不仅要考虑建筑功能、美观等，还要充分考虑遮蔽功能，既能创造多重层次的园区建筑过渡空间，又能起到很好的遮阳作用。在建筑材料的选择上，多考虑选取采用新技术和新材料，降低热工性能薄弱的透光幕墙的太阳得热系数和传热系数等，减少炎热夏季建筑室内的直接太阳得热和辐射得热，营造舒适的热环境；在建筑机电系统选择上尽量选取高效的机电系统；在给排水设计上考虑雨水收集及循环利用等；在交通空间、广场等设计及材料选择上，减少吸热及反射功能强的建筑材料，减少无绿化广场空间等。

4.1.4 合理规划园区各项系统

园区内的主要系统包括道路、物流、照明等。在园区的道路系统规划中，要考虑园区所在位置的地势、植被、地质等情况。在园区规划时，结合地形条件设计，既能保证积水及时流出也可节约修建成本，同时要做到园区内人车分流，打造慢行生态系统与公共交通系统，引导园区内部实现绿色出行。贯彻"人车分离"的布局理念、全区域覆盖的交通网络组织理念、生态化慢行系统理念，让园区功能布局紧促高效，减少长距离出行需求，使短距离出行通过低碳出行方式解决，如自行车足量供给、就近服务等。

园区物流系统应进行合理规划，避免布局在园区人流较多或出入口位置，应与人流空间分离，保证园区交通通畅，方便货物进出。园区的公共照明系统应尽量选择节能照明设施，如太阳能或 LED 节能灯等。

4.2 智慧智能

智慧化产业园区是未来产业园区发展的必然方向和趋势。产业园的智慧智能化包括园区的智慧化管理平台、智慧化生产过程，以及工业互联的逐步发展带来的对产业空间的新需求。

园区的一体化智慧管理平台，主要是基于园区信息交流、资源对接、服务对接、安全监管、公共设施服务、基础设施管理等。完整的智慧化管理体系是集企业公共服务、园区管理服务、办公服务、检查监管、安全管理、园区基础服务等多功能多维度于一体的管理系统，是纵向延伸和横向扩展的立体化服务系统。智慧化管理系统及其设计是未来园区发

展变革的方向，能全面提升园区的管理能力和运行效率，能优化资源配
置能力和效率、提升产业竞争力以及园区投资价值。在建筑设计阶段，
应充分考虑各项智慧化系统的设计位置和安放空间，如数据中心、智慧
门禁、智慧化照明系统、智慧化公共服务系统、智慧化园区安全管理系
统等，除了空间上的预留，还应将园区设计与智慧化系统设计相结合，
做到智慧化管理系统前置。

　　产业园智慧化管理系统还包括在企业生产过程中的智能智慧化生产
设备设施以及在工业互联日益普及的未来。当线上验货和交易越来越普
及之时，在产业园的生产性空间内应做到预判、预留，为生产、交易方
式的转变提供空间和基础。

4.3 集约高效

　　未来产业园集约高效的设计策略集中体现在三个方面：用地高效、
发展高效和成本高效。

4.3.1 用地高效

　　数据显示，粤港澳大湾区是我国土地开发强度最高的区域之一，深圳、
东莞、中山、佛山和珠海的土地开发强度国际警戒线已超过 30%，其中
东莞与深圳的土地开发强度均超过 50%，未来产业用地将非常紧张，产
业用地紧缺促使政府对单位土地的开发强度、投资强度、亩均税收提出
了更高的要求。集约高效用地策略要求产业园在设计过程中进行合理的
产业空间布局，避免土地资源的浪费；提供空间和功能的重叠使用，提
高利用率的同时提高用地效率，避免建筑空间的闲置浪费；在高开发强
度下根据产业类型及生产要求尽可能满足高强度土地开发，单体建筑上
实现立体复合空间设计。

4.3.2 发展高效

发展高效体现在产业园设计过程中，要求对于交通组织、空间提供、场所利用、产业园管理运转的效率、各项要素流动尽量达到高效快捷的组织和交换。如在产业园空间内能通过高效的交通组织降低货物进出时间、人员通勤时间，节约生产要素流动的时间成本，为产业园内工作人员提供更多的时间成本价值；在空间上能提供更多便捷高品质的交往空间，提高沟通效率，降低沟通成本；根据产业类型和发展要求提供更多公共空间和场所，如共享的大型会议、展览、商务交流场所和空间，为在园企业提供便利的同时提高设施利用率；在产业园设计过程中应充分体现园区管理服务的便捷和高效，如在服务设施布局、建筑用材选取等，通过合理的布局和选材降低维修维护频次，或及时发现问题并快速解决，提高运营和管理效率等。

4.3.3 成本高效

产业园成本高效的策略主要体现在规划设计、建筑设计、工程建设三个方面。

在规划设计层面，顶层设计要清晰明确，做到定位明确、功能明晰、空间组织合理、规划分期分布合理，且能做到一张蓝图绘到底，不轻易进行空间布局的大型调整，否则耗时耗力，影响整个园区的发展建设进度。在建筑设计层面，在产业园产业功能明确的前提下，根据产业类型合理进行建筑设计，如结构、机电系统、建筑外立面选择、建筑内部节能设施等进行适宜的选择，以满足安全高效生产为前提，不盲目提高标准。在工程建设层面，做好合理的工程建设计划，做到用时高效不返工；根据园区发展及生产需要，合理组织建设分期，制订高效合理的施工计划，工程管理过程高质高效，做到按计划按进度安全生产，保证建设过程提质增效。

4.4 复合立体

　　东莞是大湾区产业用地紧缺的城市之一，根据产业发展的趋势，新兴产业用地应运而生。根据东莞市人民政府印发的东府〔2022〕70 号文件《东莞市新型产业用地（M0）管理办法（修订）》的通知规定，新型产业用地（M0）项目用房，包括产业用房和配套用房。产业用房包括可用于生产制造、中试、研发设计、勘察、检验检测、技术推广、环境评估与监测等用房；配套用房包括为新型产业服务的办公、会议、展览、宿舍、食堂、文体设施、小型商业等用房。在开发强度上，容积率原则上不低于 3.0、不超过 5.0。在满足城市空间品质、公共服务设施、交通设施和市政设施承载能力的情况下，可适当提高容积率上限至 6.0。在政策文件中可见，"工业上楼"是必然趋势，且不是简单地生产用房的叠加，而是生产、实验、办公等各种功能的垂直组织，是一个功能复合的现代化立体产业园。

　　复合立体的现代化产业园设计，要充分体现产业建筑和城市空间的融合，做到与周边城市共享空间，避免高层塔楼带来的压迫感，让城市空间更加亲和舒适；能与城市空间对话、协调，形成完整的城市空间、天际线和场所氛围。

　　复合立体的现代化产业园设计，不是简单地将厂房在平面上的叠加，而是要将生产、实验、办公等各种功能在垂直空间上进行有效的组织。立体产业园不仅要做到功能的垂直有效组织，还要充分体现在垂直空间内生产与办公研发的立体交通分离和交通组织，在立体空间内实现运转高效。原来在平面上不需要考虑的问题如货物垂直运输等，在立体产业园内需要得到充分的考虑，要根据产业类型、产品性质、生产周期合理有效地设置垂直交通系统，提高运转效率。

　　垂直立体空间不仅要满足生产的需要，还要充分考虑人的感受与需求，如人在交往、交流、休闲、放松等方面的需求在立体空间内也要得到有效体现与延展。充分运用立体化的建筑及景观设计策略，让园区整体的层次感及功能不断向上延伸、渗透，真正实现绿色生态、多元共享、活力健康的"立体产业园"。

4.5 可持续发展

可持续发展是如今人类社会发展的重要命题，产业园区的可持续发展不仅体现在产业体系、管理运营、生态环境建设等方面，产业园的设计也需要充分融入可持续发展策略。可持续发展的产业园是企业安心生产和成长的坚实后盾，是保持城市环境及城市吸引力的重要方法，是人类与环境和谐共生的必然道路。在产业园规划设计中需充分合理利用资源，提高资源利用效率；尊重和保障自然生态环境，通过科学、现代和智慧化的设计思维和手法推动产业园的可持续发展。

4.5.1 合理高效利用土地资源

产业园区一般面积大，占用土地资源较多，在设计中需要充分结合场地条件，依据土地规定用地条件，合理布局园区的各种土地用途和功能分布，明确划定生产空间、生活空间、商业服务空间与生产空间的距离；根据产业类型最大限度地提高用地效率，减少土地浪费，最大限度地发挥和保障自然生态系统的完整性。

4.5.2 注重产业结构优化及调整

产业的发展具有一定的规律性，产业结构会随着区域产业经济的发展而不断进行优化和调整。建立产业园区的目的就是促进产业发展，在产业经济发展到一定阶段、产业结构进行优化调整的过程中，产业园区必然会面临产业的升级和优化。东莞较多的村级产业园就出现了因产业园条件无法满足产业结构优化调整的需求，旧的产业园无法满足新兴产业的需求，而面临改造的一系列问题，这在一定程度上为产业结构调整、园区招商带来影响。所以，现在新一轮的现代化产业园区设计，应前瞻性地考虑产业结构优化调整的空间和需求，在产业园的功能设置、空间布局、外在形象、空间应用、环境绿化、生态系统、基础设施、用材选材等方面，向高科技、智能智慧化、绿色可持续靠拢，充分考虑各种功能空间及其灵活转化，促进产业园区产业结构优化升级。

4.5.3 产业空间的灵活及"永续"性

在产业园设计前期，往往不明确具体的生产要求，较难进行针对性的空间分布和建筑设计。因此在产业园规划设计中，可将招商前置，根据意向企业或产业进行空间设计。若无法做到预招商，则需在规划设计过程中，充分展现空间使用的灵活性，较大范围地满足目标产业类型的生产、生活、研发、办公需求，提前预留整改空间，努力实现产业园空间的"永续"发展，避免闲置。

4.5.4 提高和改善环境质量

在产业园的规划设计中，需要注重环境保护问题，通过合理的解决方案解决、改善，并提高生态环境质量。可以通过节能环保材料、绿色建筑、智慧办公、低碳出行等减少污染物排放，通过生态绿化措施吸收和降低环境污染指数等改善和提高环境质量，建设更加宜居的现代化产业园。

4.5.5 实现人地和谐，实现绿色健康发展

自然生态系统是产业园区发展建设的基底和本色，产业园建设不能脱离自然生态系统。产业园的规划设计要充分考虑人与自然和谐共存，通过设计手段、空间营造、环境绿化等贯穿绿色产业园理念，建立人地和谐产业园，实现绿色健康发展。如充分高效利用水资源，实现"雨水收集利用、污水处理重复利用"；充分利用太阳能等可再生资源，园区使用太阳能路灯等；建立人地交流场所和空间，加强绿化，选择合理的绿化植被，提升环境美观度，营造宜居的环境。

4.6 "三生融合"

"三生融合"理念是对"产城融合"概念的延展与升级，是指产业发展与城市生活、生态环境之间的有机融合，是人本主义理念的回归。未来东莞的产业结构将不断优化，产业类型不断升级，产业人才更加综合，高端科研人员和高端技术人员将云集东莞，这便对东莞的产业园建设、城市建设及服务、水、生态环境建设提出了更高的要求。充分贯穿"三生融合"的设计理念和策略，充分体现产业发展的特点及需求、城市建设水平及公共服务能力、生态环境并将其有机融合是促进东莞产业结构优化、加快园区城市功能完善、提升整体营商环境的重要手段。

4.6.1 强化园区顶层设计和创新支持

"三生融合"既是发展理念的转变，也是发展模式的创新，更是发展路径的优化。在产业园设计中，将产业园的产业发展、生态发展、生活发展有机融合，持续推进发展建设理念。在产业园发展过程中，根据现代产业园发展的需求引入数字经济概念，积极融入数字化、智慧化的园区管理方式和理念，促进数字产业园发展；根据园区发展的需求和现实，在政策、技术等层面不断提供创新支持，东莞高新区率先开启"工业上楼"发展模式的实践就是创新支持方式之一。在产业园规划及设计中，通过高精度选址确保产业效应最大化，建设高层工业大厦、产业大楼与办公、公寓配套，注入新的创新要素，升级产业结构，打造更加宜人的生产、生活、生态环境，有效地激发园区的内在活力。

4.6.2 注重产业发展和产业需求

生产是产业园"三生融合"首要考虑的要素。在产业园设计过程中要考虑产业未来发展及产业类型的需求，根据产业的需求及未来方向，设计灵活、开放的产业空间，提供更加丰富多元的园区交流场所和区域，满足园区企业生产、研发、办公和交流等各种需求，为园区产业生态发展的构建和发展提供更多的可能性。

4.6.3 集中建设公共服务设施，实现园区共享

"三生融合"的产业园是生产生活相互融合的产业社区，产业园既是企业生产所在地，也是企业员工生活的场所、企业商务交流的场所，园区内的生产及生活服务水平直接关系企业发展和员工生活。

树立园区生活及产业服务配套集中建设、园区共享的规划设计思路和策略，建设不超过 30% 建筑面积的配套功能，引导地块服务集中连片。规划设计中需充分考虑生产及生活公共服务设施的配置、分区及建设，如金融保险、培训教育、学校、医院、商业、办公、文化体育活动场所等。丰富便捷的公共服务设施及服务水平，可提高园区的招商吸引力、园区内人员的生活品质和人口的流动性，促使园区成为城市最具活力的组成部分。

4.6.4 注重生态体系和环境建设

生态环境建设是产业园"三生融合"发展的灵魂，是现代产业园的底色和骨架，在现代产业园规划设计中要特别重视生态体系和环境的建设。首先，要尊重园区的生态本色和条件，维持原有的生态系统及其平衡关系，尽量避免对原有生态系统的改变和破坏，减少生态环境建设中的人工痕迹，让生态系统尽量保持并发挥其原有微生态环境功能；其次，积极建立多级立体的生态系统和绿网，在生态廊道、绿道的基础上，让生态系统能渗透并延伸到产业园的各个区域，充分应用建筑的里面和屋顶做好局部环境的生态绿化系统，使产业园有机生长在绿色生态系统中，而不是在产业园里进行生态绿化；最后，建立便捷安全、可供园区生产生活人员使用和亲近的生态空间和体系，实现人与自然的无障碍交流，真正实现生产、生活和生态的有机融合，促进产业园的高质量发展。

4.6.5 产业建筑的"三生融合"

在产业建筑设计过程中，充分融入"三生融合"理念。第一，要坚持以人为本的理念，注重人的使用体验和需求，注重建筑空间的实用性、舒适性和便捷性；第二，注重生产及办公的功能性需求，注重生产的安全性、便捷性及办公与生产功能衔接的合理高效性；第三，注重建筑空间的绿色生态性，在建设设计过程中合理利用场地自然资源，强化生态设计，注重建筑空间的节能性，通过建筑设计体现"零碳"策略和价值。同时，在产业建筑空间设计过程中除了考虑生产、生活、生态各自的要求外，还要综合三者之间的联系，通过合理的建筑功能衔接、交通组织、空间设置促使生产、生活和生态功能的有机融合。

未来的东莞将成为大湾区乃至我国现代化产业园建设和发展的代表性区域，也是众多科技创新企业首选的落户之地。在各级产业空间及产业园规划设计中贯彻绿色低碳、智慧智能、复合立体、可持续发展及"三生融合"的设计策略，能更好地促进东莞产业园的升级优化，进一步提升东莞的营商环境，吸引更多优秀企业落户东莞，实现产业结构的快速调整和优化。

第 5 章

华创联合产业园设计实践

5.1 设计全过程服务总结

5.1.1 建筑设计流程

建筑设计是一个复杂而又系统性强的过程,其中涉及的各个阶段都需要经过认真的规划和设计。一般来说,建筑设计分为前期策划阶段、中期设计阶段和后期跟踪配合阶段三个阶段(见图 5-1)。

图 5-1 建筑设计流程

5.1.2 前期策划阶段

前期策划阶段是建筑设计的首要阶段。在这个阶段,建筑师需要与业主或其他利益相关者充分沟通,了解他们的需求和要求,并对项目进行全面的分析和研究。这个阶段的工作包括但不限于确定项目定位、确定项目范围和限制条件、确定项目的可行性、制订项目计划和时间表、评估项目的风险等。通过认真规划和准确分析，建筑师可以在设计阶段更好地掌握项目的方向和重点，从而确保最终的设计方案能够满足业主和利益相关者的需求，同时符合法律法规和技术标准。

5.1.2.1 确定项目范围和限制条件

明确项目的设计范围，并确定各种限制条件，如时间、预算、法规要求等。这有助于确保项目的可行性和可控性，并为后续的决策和规划提供基础。

5.1.2.2 进行项目可行性研究

对建筑项目的政策、市场、经济、社会、技术等方面进行全面、系统和科学的研究和评估，以判断建筑项目的可行性，并基于研究结果制定决策方针和工作计划。项目可行性研究旨在为建筑项目的实施提供有力的支持，同时降低其风险和提高成功概率，具有非常重要的意义。

5.1.2.3 明确项目定位

明确项目的目标、愿景和要求。通过与业主和利益相关者的沟通，明确项目的功能、空间需求、设计风格等方面的要求，为后续的设计和施工提供明确指导。

5.1.2.4 制订详细的项目计划和时间表

制订详细的项目计划和时间表，确定项目的阶段性目标和里程碑。这有助于合理安排资源、控制进度，并为项目的后续阶段提供指导。

5.1.2.5 评估项目的风险

识别和评估项目的风险，并制定应对措施。这有助于降低项目风险，减少后期出现的问题和延误，提高项目的成功率。

通过上述前期策划工作，建筑师可以在设计阶段更好地掌握项目的方向和重点，从而确保最终的设计方案能够满足业主和利益相关者的需求，同时符合法律法规和技术标准。

5.1.3 中期设计阶段

中期设计阶段是建筑设计的核心阶段，也是建筑设计师发挥创意和想象力的重要阶段。这一阶段体现了设计人员的知识水平、经验、创造力等。本阶段一般包含方案对比与选定、成本控制、产品定制和施工图深化设计等工作。

5.1.3.1 方案对比与选定

根据前期策划调研和业主需求，提出一系列的设计方案，并对这些方案进行评估和比较。最终，选出一种最为符合业主需求和项目特点的设计方案。

5.1.3.2 成本控制

设计师需要根据客户需求、工程规模和质量要求等，制订合理的成本控制方案；同时应当注重材料的选择、设计的合理性以及施工方案的可行性，以达到最佳的成本效益。

5.1.3.3 产品定制

产品定制指的是根据业主的特定需求和要求，定制化设计建筑产品，以满足其个性化的需求。建筑定制能使建筑产品具有独特性和个性化特点，创造与众不同的体验和印象，提升项目的商业价值和市场竞争力；同时能够满足不同行业的特殊生产工艺需求，提高产品的可靠性和稳定性，提高建筑产品在市场中的占有率，为业主带来更多的商机和利润。

5.1.3.4 施工图深化设计

施工图深化设计是在方案设计阶段完成后，进一步详细完善和精确化建筑图纸的过程。施工图深化设计可以为建筑工程提供详细的技术规范和指导，同时还可以帮助建筑设计师发现并解决设计方案潜在的问题，提高建筑物的安全性、可靠性和经济性。

中期设计阶段的最终目的是在平衡建筑物外立面效果、内部使用空间和建设成本的基础上，实现建筑物的美观、实用、经济和安全可靠，从而最大化保证项目建筑物的高品质建设和投资回报。

5.1.4 后期跟踪配合阶段

建筑师应该密切关注项目施工进度和质量，及时发现并解决问题。同时，建筑师还需与施工方保持沟通和协调，及时处理变更和调整。通过后期有效的跟踪配合，确保项目的顺利完成，保证项目质量和落地效果。

5.2 产业园代表性实践案例

5.2.1 综合型产业园典范：东莞东实·道滘数智产业园

5.2.1.1 项目概况

1. 项目区位

该项目位于道滘镇北部小河村沥江围工业园，靠近东莞多个中心城区，紧邻广深港澳科技走廊，区位优势明显；同时，紧邻广深高速及城际站点，加上即将建成的地铁站点，外部交通较为便利（见图5-2）。

图5-2　项目鸟瞰效果图

2. 项目愿景

随着东莞的产业发展与规划，大力发展新兴产业，这将催生新的产业空间需求。目前，该项目内的传统厂房已不能满足未来产业的发展需求，以"工改工"的方式活化低效的工业用地，增效提能，实现产业的转型升级，促进城市发展，打造以产业升级为驱动的城市更新标杆项目。

3. 建设内容

该项目整体占地约 68000 m²，总建筑面积约 252000 m²，设计内容为约 114000 m² 新型产业厂房、约 63000 m² 的返还物业厂房、约 58000 万 m² 的园区配套宿舍空间以及 17000 m² 的一层地下车库。

5.2.1.2 面临的问题与挑战

1. 业主的需求

根据前期策划单位的产业调研，园区产品的核心目标：①近期，满足目标企业的生产需求；②中期，随着道滘镇城市建设范围的不断扩大，周边商业住宅用地的开发，项目地块价值将大幅度上升，因此产品设计需站在发展上进行定位；③远期，项目地块周边发展日趋成熟，该项目在产品功能定位方面必然会进行一个转变，即由生产向办公功能过渡，实现项目产品的价值最大化。

如何使园区既满足产业生产需求同时又满足未来科研办公转型是业主核心的产品诉求。

2. 建筑设计

该项目在用地规划要求上需要在用地中间预留东西向 24 小时开放的市政道路，将完整的用地切分为南北两个区；同时用地东侧紧邻广深高速，东侧建筑退让线较大，限制了建筑整体的可建范围；另外在功能设置上，还需要考虑返还物业自成区域，同时满足建筑量及建筑占地的明确要求。中间道路的分割、可建范围受限、返还区的建筑需求三个方面是该项目规划设计上的难点之一。

对于前期策划单位提出的近期可用、中期可融、远期可变的园区定位分析。要想打造一个既能满足产业生产需求又能兼顾办公研发功能的高品质园区，如何处理好园区人行与货运组织流线，是该项目的设计难点之二。

同时，该项目作为东莞市连片"工改工"示范园区，由市属国企与镇政府共同开发，在对外展示及社会形象上有着更高要求。因此，在形象展示与整体造价上如何取得平衡是该项目规划设计上的难点之三。

5.2.1.3 方案设计亮点

1. 园区规划设计

根据现场情况分析，基地北侧及东侧为该项目对外主要展示面。规划设计上将新型产业区设计在用地的北部区域，为园区提供良好的形象展示；返还区则集中布置在用地的东南侧，提高该项目整体用地的使用率（见图 5-3）。

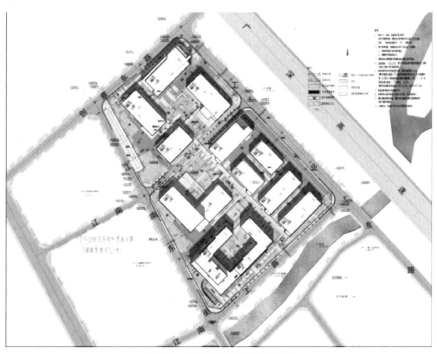

图 5-3　项目平面布局示意图

在园区流线组织上，货运流线、卸货广场沿用地的外围设置，既有效解决了东侧建筑退让距离较大的问题，将更多空间留给园区内部，又缩短了货运流线，提高了园区货运周转效率；同时沿用地中间植入人行主轴线，与货运流线互相独立，为打造高品质园区环境提供了基础。整体建筑以围合庭院式的布置形式设计，大小庭院的串联设计、一步一景（见图5-4）。

园区景观空间采用分级设计的原则，中心展示区域采用类办公园林设计，打造高品质的空间体验；卸货空间及其他次重点人流区域，采用一般绿化植被点缀，在保证园区对外展示效果的同时整体造价可控，使形象与造价取得平衡。

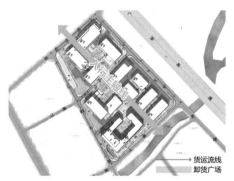 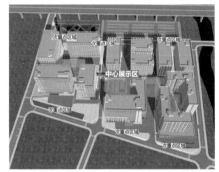

图 5-4　项目流线

2．建筑设计

（1）建筑单体。

该项目产品设计的核心诉求是既能满足产业生产的空间需求，也能适应未来科研办公的转换。在单体平面设计上，生产空间符合规整方正的原则，满足企业生产需求，另外建筑两端分别设置客用、货用专梯，建筑单体流线上也实现了人货分流。同时为了提高平面对不同功能场景的适应性，交通核心沿建筑外侧布置，实现可分可合的状态，保证空间完整时满足产业生产需求；另外通过增设外廊，可对内部空间灵活划分，实现由生产空间向科研办公空间的过渡、转型，满足业主产品核心诉求的同时实现了建筑全生命周期价值最大化（见图5-5）。

图 5-5　建筑单层平面示意图

为了实现园区形象与综合造价上的平衡，在土建设计中，保证使用标准不降低的前提，我们进行了多方面的优化，并将节省的费用运用到核心展示位置中。例如：①将园区地下室顶板标高尽量往上抬，在满足人防区顶板全埋的前提下，尽量减少地下室挖深。同时在地下室剖面设计上，在满足荷载需求下，尽量减少梁高，合理排布设备管网，在保证使用需求的前提下尽量减少地下室层高，节省造价。②在结构选型上，通过模型计算对比分析框架结构及框架剪力墙结构，最终选用抗震性能更好、经济性更优的框架剪力墙结构体系。③根据该项目的地质情况分析，试验桩端位于中粗砂层预应力管桩的单桩承载力亦可达到设计的要求，因此该项目选择了中粗砂层而未选择强风化泥岩作为桩端持力层，在不增加桩数的情况下大大地减短了桩长，取得了良好的经济效果。

（2）建筑效果表现。

在建筑造型研判过程中，对不同设计手法进行了充分对比分析，如建筑体型的错动、悬挑，幕墙表皮的运用等。在形象展示与造价的综合评估下，该本项目建筑立面采用了横向肌理搭配长条通窗的设计元素，以简洁公建化的处理手法，让建筑拥有类幕墙的外观效果，同时保证整体造价处于可控范围（见图 5-6）。

图 5-6　建筑立面效果图 1

　　另外，在建筑外立面设计上同样采用分级设计管理，在用地北侧及东侧主要展示敏感面上，利用少量的计容面积，在建筑形体上增加内凹的阳台空间，既呼应了本项目"5G 通信传输"的外型设计理念，又增强了建筑外立面的阴影效果，让建筑更具有标识性。而在建筑非敏感面上，满足建筑平面功能即可，简化设计手法，以达到项目整体造价的平衡（见图 5-7）。

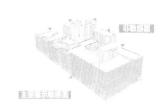

图 5-7　建筑立面效果图 2

5.2.2 现代化产业园典范：东莞高埗低涌社区产业园

5.2.2.1 项目概况

1. 项目区位

该项目位于高埗镇低涌村，北临高龙路，西临创兴路，南临低涌横三街，靠近东莞多个中心城区，区位优势明显，用地周边道路系统成熟，交通便利（见图 5-8）。

图 5-8 项目鸟瞰效果图

2. 项目愿景

原项目用地内传统厂房空间利用较低，整体缺乏统一规划管理、产能较低。为了实现产业的转型升级，增效提能，该项目的目标是将原项目打造成为"工改工"城市更新示范性现代产业园区。同时，该项目作为东莞市高埗镇"三旧"改造重点项目，在园区形象及品质打造上比市场上的普通园区有着更高标准的要求。

3. 建设内容

该项目整体占地约 87000 m²，总建筑面积约 378000 m²，设计内容为约 236000 m² 的产业厂房、约 89000 m² 的返还厂房物业、约 22000 m² 的园区配套宿舍空间以及 25000 m² 的一层地下车库。

5.2.2.2 面临的问题与挑战

作为"工改工"产业项目，投资回报的经济账是必须关注的一个重点。从产品设计上，业主更关注户型与当代市场的适应性，更有利于后期招商运营及去化。从造价成本上，业主在项目开始之初已定下了综合单价的目标，并希望通过对设计院进行限价设计，达到控制建造成本的目的，以保证项目整体收益。

该项目是高埗镇重点旧改项目，在园区对外形象上也有较高的设计要求，所以如何在造价限定的情况下，保证园区形象的品质感，是该项目核心处理的难点。

该项目用地实际上是由东西两块独立用地组成，西侧为返还用地，地块呈南北向长方形的窄长状态，东侧为国有用地，地块基本呈方形，独立红线以及返还地块的形状及位置均对项目整体建筑规划设计有限制。

同时该项目周边仅北面、南面以及返还用地西面临接市政道路，东侧为自然绿化，且南侧道路等级较低，仅为 8 m 宽双向单车道。通过对该项目的建筑体量进行评估，如何组织好园区内部交通流线是项目重点处理的难点。

5.2.2.3 方案设计亮点

1. 设计全过程优化

为了更好达到限价设计的目标，该项目全过程都引入成本控制的理念，在设计前期方案阶段已经组织造价咨询团队协助进行估算，从设计初期的规划、产品、造型等方面进行控制，在保证建筑方案落地性的同时对该项目的成本造价进行第一道控制。

在方案深化阶段，在细节做法深化的同时，我们也将该项目各个部位的各专业的细节做法进行归类梳理，为业主提供不同档次做法的方案，以实现在施工图开展前统一做法标准，更好地控制项目落地的效果及成本控制。

在施工图后期，将进行造价测算的复核，针对个别超预算的分项进行进一步的优化设计，以保证最终成本造价达到目标价格。

2. 园区规划设计

根据用地现状情况，建筑整体主要朝向为南北向，在保证建筑室内节能效果的同时，沿城市展示面，拥有更好的展示效果。同时在靠近园区北侧主入口位置，规划布置了两栋既可办公又可厂房的组合建筑，作为园区形象展示的主楼。配套生活区则集中布置在用地西南角位置，更便于园区整体运营管理。生产厂房以规划布置为原则，货运流线上采用井字形环形路网，让园区货物运转更高效便捷。同时将形象展示区、生产区、配套生活区各自分区设置，保证车行流线均沿分区外部组织，分区内实现人车分流，提高园区内部环境的品质感。另外，在园区核心流线区域上，引入了风雨连廊的概念，既加强了各建筑之间的可达性也丰富了园区内部的空间感，运用较低的建设成本，打造园区内部亮点特色的空间（见图 5-9、图 5-10）。

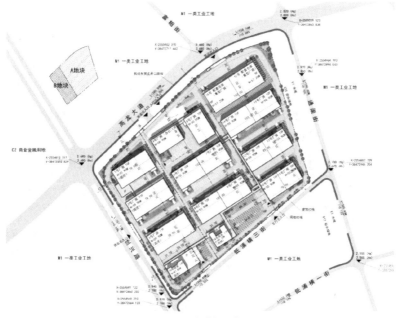

图 5-9　园区规划设计平面图

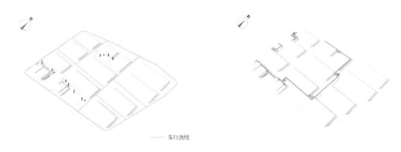

—— 车行流线

图 5-10　项目流线示意图

由于地下室是产业园区综合单价最高的单项，该项目在规划设计中，尽量保证卸货广场的货车位折算，同时沿园区周边尽量布置最多的地面车位，在满足规划车位需求的同时，尽量减少地下室的设计范围，降低整体造价成本。

3. 建筑设计

（1）建筑单体。

该项目大部分物业以市场销售为主，所以在园区功能配置、产品设计上应该以市场为导向，才能保证项目后期的运营招商。在项目前期方案阶段，我们与产业策划团队已进行详细的调研与沟通，在功能配置、主流户型上进行了大量的市场调研和强排方案的对比研究，最终提供多种配置方案与业主沟通、决策。

在产品设计上，主要以一字形双拼厂房为模块；在平面设计上，通过中间隔墙，实现可分可合的灵活状态，同时交通核心及相关设备空间均沿建筑一侧小跨空间设置，尽量保证生产空间的规整。另外，根据东莞市工业地块分割产权的规定，双拼的建筑模式，可实现单层空间分割产权证，灵活满足不同面积段需求的客户，更有利于后期产品销售（见图 5-11）。

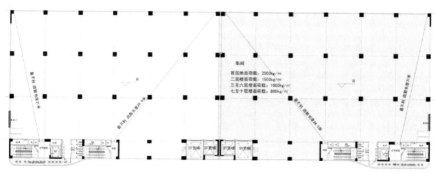

图 5-11　单层平面示意图

（2）成本导向的建筑优化设计。

通过市场调研，该项目的产业产品类型主要为双拼厂房模式，单户面积段为 1500～2000 m^2，组合面积段为 3000～4000 m^2。厂房层高设置为：首层 7.8 m，2 层 6.0 m，3～6 层 5.2 m，7 层以上 5.0 m。荷载设置为：首层 2.0 t/m^2，2 层 1.5 t/m^2，3～6 层 1.0 t/m^2，7 层以上 0.8 t/m^2。该项目的产业产品核心参数均对标市场主流产品，保证了项目后期市场的竞争力；同时为了达到成本控制的目标，在不降低市场需求标准的前提下，在全过程深化设计中通过细节做法的优化，来降低建造成本。

①土建设计优化。

第一，将地下室顶板标高尽量往上抬，在满足人防区顶板全埋的前提下，尽量减少地下室挖深；同时在地下室剖面设计上，在满足荷载需求的前提下，尽量减少梁高，合理排布设备管网，尽量减少地下室层高，节省造价。

第二，在平面设计上，考虑生产线一般均沿建筑长边设置，生产线的需求对长边柱跨要求不大，对短边方向有更大的要求，因此设计上有意识将建筑长边方向柱跨做小跨，与短边方向柱跨拉开差距，可实现消防主管穿梁，支管隐藏在梁高差的位置，提高生产空间净高（见图 5-12）。在满足产业净高需求的前提下，降低层高，从而更有效地降低建造成本。

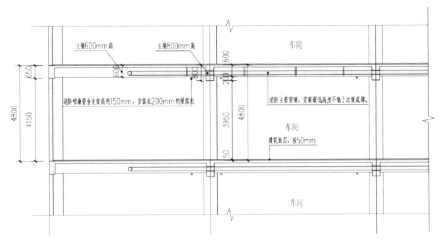

图 5-12 消防主管穿梁剖面示意图

第三，在结构选型上，通过模型计算对比分析框架结构及框架剪力墙结构，最终选用抗震性能更好、经济性更优的框架剪力墙结构体系。

②建筑表现优化。

在造型设计过程中，该项目首先引入的是分级设计的概念。以西侧及北侧为主要的城市展示面，利用相对较低的成本，重点打造对外展示造型，提升园区形象；其他建筑立面则根据平面实际功能简化立面设计，综合平衡整体的造价水平（见图 5-13）。

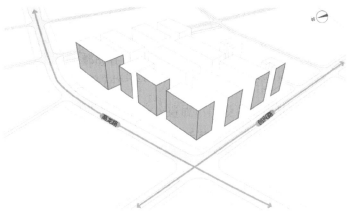

图 5-13　建筑立面效果图 1

对于主要展示面，在建筑造型研判过程中，对不同设计手法进行了对比研判，如建筑造型的错动、悬挑，幕墙表皮等运用。该项目建筑立面采用了横向肌理搭配长条通窗的设计元素，以简洁公建化的处理手法，让建筑拥有类幕墙的外观效果，同时保证整体造价控制在预期目标。

在建筑特征元素上，沿展示面局部位置，利用出挑斜片的造型，以港湾扬帆起航为寓意，提取"帆"的形态特征，利用富有力量感的线条进行规整，运用较少的成本创造出属于园区的特征元素，增强了该项目的对外展示性（见图 5-14）。

图 5-14　建筑立面效果图 2

　　同时在立面材质选择上，同样引入分级设计的理念，在建筑首层近人尺度的部分，选用真石漆结合精细化分缝设计处理，营造更好的品质感。在建筑二层及以上部位，人对其敏感度较低，设计上则选用造价更低的质感涂料，在不影响对外观展示效果的同时，更有效地节省成本（见图 5-15）。

图 5-15　建筑立面效果图 3

5.2.3 专业型产业园典型：东莞松山湖生物技术产业园

5.2.3.1 项目概况

1. 项目区位

该项目位于东莞市松山湖东部，用地北侧为台中路，西侧为珠三角环线高速收费站出入口，整体交通便利（见图 5-16）。

图 5-16　项目鸟瞰效果图 1

2. 项目愿景

东莞市生物技术产业发展有限公司是以生物医药为主体，重点发展新药及生物仿制药、先进医疗器械与设备、基因、中药、健康产业及生技产业服务等。该项目希望打造东莞首个生物技术类产业高标准产业园区，以集聚产业上游企业及高素质人才，推动松山湖片区生物技术产业的发展。

3. 建设内容

该项目用地为科研设计用地，用地面积约 111300 m^2，项目总建筑面积约 390600 m^2，设计内容为 11 栋科研办公楼、2 栋宿舍（首层为食堂）、1 栋展示中心、1 栋技术科普中心以及两层地下车库。

5.2.3.2 面临的问题与挑战

1. 业主需求

业主的核心诉求是打造一个高标准、高品质的生物技术产业园区标杆项目。在功能上需要满足企业中试生产、研发制造等生产需求，同时满足高素质人才对配套功能及空间品质等生活、办公需求。在形象上需要展示业主企业的形象特征，打造独特的、具有标识性的城市名片。

2. 建筑设计

（1）该项目用地西北侧紧邻珠三角环线高速，同时用地红线内存在保护自然山体，导致建筑可建范围退缩红线较多，建筑整体密度较大。

（2）对南侧城市界面要求保留对自然山体的视线通廊空间等规划条件对该项目建筑规划布置限制较大。

（3）在建筑产品设计上，该项目除了要满足企业中试生产的空间需求外，还应兼顾研发办公的空间需求特点，营造更多互动交流、绿色生态的空间场所。

5.2.3.3 方案设计亮点

1. 园区规划设计

图5-17　项目鸟瞰效果图2

根据规划条件的视线通廊要求，同时结合科研办公功能的空间需求，该项目对建筑形体长宽比进行研判，最后采用点式方形的筒字楼的建筑形体，更利于高品质办公空间的打造（见图 5-17）。

该项目整体规划以围合式庭院布置为主，对外沿南侧主要城市道路，退让出形象迎宾广场空间；对内通过塔楼错动的布置形式，既满足了规划视线通廊的要求，又避免了建筑间视线的交叉干扰，同时错动的布置形式自然形成了大小不一的庭院空间，通过具有收放空间序列的庭院营造，打造更有趣味性、更复合的园区景观空间，满足高科技企业、高素质人才对环境品质的需求。

对于科研人员除了必要的工作、生活等功能空间外，还应注重研讨交流、休闲娱乐等配套空间的营造。该项目结合建筑裙房以退台方式，以及景观节点周边通过出挑、架空走廊等营造更多复合绿色的交流休闲空间；同时结合园区主要景观轴线，在首层空间适当配置了共享会议室、餐饮、书吧、室外展场等多元化配套，与景观动线相结合，打造园区完整配套服务链，满足企业及科研人员的配套需求。

该项目为了保证园区内部环境品质的打造，在流线组织上，根据需求将负一层地下室局部层高设计为 6 m，将产业生产必要的卸货空间设置于地下，将货运流线与人行、小车流线完全分流，打造了更高品质的园区环境（见图 5-18）。

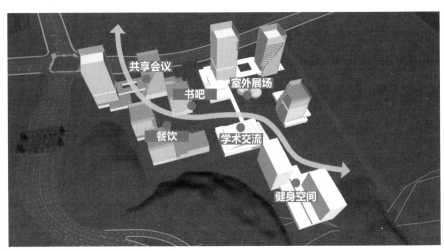

图 5-18　局部环境效果图

2. 建筑设计

（1）建筑单体。

该项目在建筑产品设计上除了要满足产业中试生产的需求外，还要适应科研办公的空间要求。单体平面在核心筒布置上采用偏筒的设计，让建筑一侧的空间尽量完整，可有利于产线的布置，同时通过沿核心筒增设 U 型内廊的形式，也能实现内部空间灵活划分的状态，更适应研发办公的需求，提高了产品平面的适应性。通过对园区内部景观资源及对外主要展示面的分析，建筑核心筒主要设置在建筑非敏感面上，既保证了内部科研人员拥有良好景观视野，又创造了更有标志性的对外立面。

另外考虑科研人群对交流空间的需求，在平面设计上沿主要展示面的位置，设置了灵动的绿化阳台，既满足了内部办公人员对休闲、研讨交流的空间需求，又增强了建筑展示面的阴影效果，丰富了建筑立面设计元素。

（2）建筑效果表现。

建筑造型上为了呼应生物技术产业的行业特征，核心理念源于生命密码 DNA 双螺旋结构，在建筑主要展示面上，采用曲线的玻璃幕墙元素，模拟出双螺旋结构的形态特征；另外结合每层绿化阳台的设置，在增强

DNA 形态特征的同时，加深建筑外立面的阴影感，让建筑整体形象更具标识性，打造一张更符合业主企业形象、更具代表性的城市名片（见图5-19、图 5-20）。

图 5-19　项目设计构思效果图

图 5-20　项目立面效果图

5.2.4 经济型产业园典范：惠州万业中试育成产业园

5.2.4.1 项目概况

1. 项目区位

万业公司的中试育成基地产业园项目拟建于惠州市博罗县罗阳街道，距离惠州市区约 18 km，距离深圳约 70 km，距离东莞约 50 km，园区四周均有市政道路，交通便利，紧邻济广高速和飞龙大道方便货物运输。该项目用地周边大多为待开发用地，生活配套相对紧缺（见图 5-21）。

图 5-21　项目鸟瞰效果图

2. 项目愿景

希望通过建筑精细化设计，在满足产业生产需求不降标的前提下，从土建成本上进行优化，控制项目整体综合造价，提高园区产品的市场竞争力，实现经济效益最大化。

3. 建设内容

该项目用地面积约 35000 m²，总建筑面积约 128000 m²，地下室面积约 3900 m²，建设内容为 1 栋宿舍楼、4 栋高层厂房、1 层地下车库。

5.2.4.2 面临的问题与挑战

1. 业主需求

该项目开发由于前期拿地成本过高，导致前期投资成本占比过大。为了使园区产品在租金水平上更有市场竞争力，业主的核心诉求是在建筑规划设计上进行限价设计，在保证使用标准不降低的前提下，通过精细化设计及细节做法的优化，降低建筑土建成本，以平衡项目整体的综合造价。

2. 建筑设计

该项目用地形状沿东西向呈窄长形，对建筑整体规划布置有较大限制，容易使用地内部流线组织过长。因此，如何合理组织项目各功能流线使其便捷高效成为本项目规划上的难点。

在建筑产品设计上，由于该项目属于出租型通用厂房，对未来招商产业具体空间需求无法确认，因此如何做到灵活分租、可分可合是该项目产品设计的核心诉求。

5.2.4.3 方案设计亮点

1. 园区规划设计

根据该项目用地现状情况分析，东西南面均临接城市道路，基本满足货运承载力需求。为了突破用地窄长的条件限制，建筑规划上将厂房区布置于东西两侧临近主干道，使货运流线更加高效，同时将宿舍区布置于用地中间位置，使两侧生产区的配套生活流线更便捷（见图 5-22）。

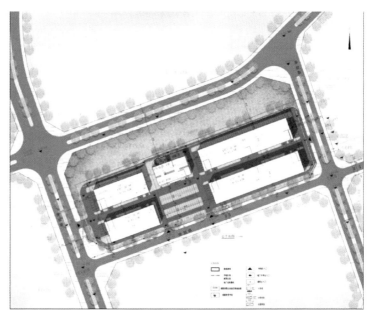

图 5-22　建筑平面图

为了有效控制造价成本，园区内的交通组织、空间营造都应优先满足产业生产，道路系统沿主要生产空间环形布置，以便货运流线更加高效便捷，同时园区内空间环境主要以绿化隔离、行道树木点缀为主，保证基础的绿化需求。在土建成本中，地下室的建设是综合造价最高的一部分，因此在规划设计中，该项目沿园区道路两旁及宿舍区前方均布置了停车空间，在地上尽量多布置车位数，在满足规划要求的前提下，减少地下室的面积需求，降低土建成本投入。

2.　建筑设计

（1）建筑单体。

为了使该项目产品能适应更多不同空间需求的客户群体，提高其自身的市场适应性，在单体设计上，以满足企业基本生产需求为原则，内部空间尽量方正规整。交通核沿建筑一侧边跨内紧凑布置，保证整租空间的完整性，同时在增设外廊的情况下，能实现一分二甚至一分四的分租状态，灵活适应市场更多客户的不同需求。

　　经过调研分析，产业生产线一般沿建筑长边布置，因此生产线的空间需求一般对建筑短边柱跨有较高需求，对长边柱跨不太敏感。该项目在单体柱跨设计上，采用了短边大柱跨结合长边小柱跨的方式，通过结构计算对比等边柱跨的方式，在结构含钢量上有节省效果，可有效地降低造价成本（见图 5-23）。

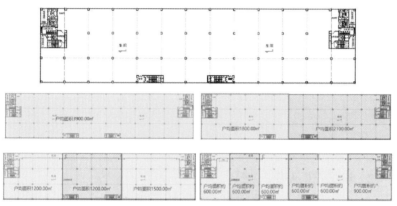

图 5-23　单层平面示意图

　　在结构优化设计上，该项目通过模型计算对比分析，从多个方面进行优化设计，以有效控制土建成本造价。

　　①在结构选型中，通过对比框架结构及框架剪力墙结构，最终选用抗震性能更好、经济性更优的框架剪力墙结构体系。

　　②在梁的布置形式上，经分析对比十字梁、井字梁、单向板三种布置形式，该项目采用单向板的布置形式用钢量比十字梁、井字梁要少，具有更好的经济性，且有利于设备管线的布置。

　　③在保证生产空间净高的使用需求下，该项目采用了消防主管穿梁，支管藏于结构主次梁高差内，可完全消除消防管线对室内净高的影响，进而降低建筑层高，减少土建成本。

　　为了更好地控制地下室部分的成本造价，该项目对其进行了精细化的设计，在满足人防区域顶板全埋的前提下，将地下室顶板尽量往上抬高，以减少地下室埋深。同时在地下室剖面设计上，在满足荷载的需求下，尽量减少梁高，合理排布设备管网，在保证使用需求前提下尽量减少地下室层高，以节省造价（见图 5-24）。

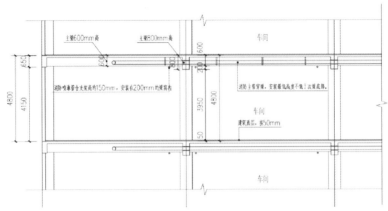

图 5-24　地下室设备管穿梁示意图

（2）建筑效果表现。

在节省土建成本的核心诉求下，该项目建筑立面设计主要以满足功能需求为主导，尽量避免装饰性的线条造型，同时在满足厂房自然通风需求的前提下，严格控制建筑外立面的窗墙比例，降低玻璃的使用量。

另外，在外窗分隔设计上，遵循大固定小开启的设计原则，尽量减少窗户框料的使用量，亦可有效降低造价。

在外墙装饰材料上，通过质感涂料、仿石涂料、真石漆、面砖等材料综合对比分析，以及现场打样模拟，最终选用了价格适中、材质表现效果较好的仿石涂料。

对该项目而言，成本控制是核心设计导向。该项目在立面上采用不同颜色涂料的分色设计，以简洁横向肌理作为立面主元素，搭配实墙面的精细化分缝设计，在成本控制的前提下，保证了园区对外的形象展示效果（见图 5-25）。

图 5-25　建筑立面效果图

后 记

本书的起由是在一个炎炎夏日的午后，几个志同道合的友人品茗于华创联合鳒鱼洲办公室。友人相聚，从国家高质量发展、广东省高质量发展到当下东莞经济以及产业发展的趋势和方向，高谈阔论之余，也讨论了东莞的产业及产业园发展建设现状，我们不禁对东莞产业及产业园建设的未来深感担忧。在区域竞争日益激烈的今天，东莞现代化产业园应该是怎样的？应该如何去规划和设计？东莞如何在新一轮的产业竞争中获取优势？我们能做点什么？作为在东莞生活、工作并热爱这片土地的我们，也希望能为这片土地献一片心尽一份责，最后大家一致认为，作为专业的产业园规划和建筑设计从业者，从专业的视角及擅长的技术出发，若能将近期对产业园规划和建筑设计的研究进行归纳总结，并加以出版，或许能对行业从业者，对东莞现代化产业园规划、设计和建设发展有所裨益。此为书本诞生之因。

作为专业的产业园规划设计从业者，我们希望自己的专业力量能给现代化产业园的规划和建筑设计行业带来一些影响，希望能促进东莞现代产业园的规划和建筑设计向更加符合现代产业发展的需求迈进，也希望能为推动东莞产业发展略尽绵薄之力。本书从策划到成稿，经过大半年的谋划、编写、校核、审查等工作，在中山大学出版社社长王天琪、副社长徐诗荣、编辑杨文泉等编校人员的协助之下，终于呈现在大家眼前。

在本书的编写过程中，我们一直保持着对广东省高质量发展政策、东莞产业经济发展的高度关注。在2023年上半年广东省经济增速排名中，东莞排名靠后，东莞的经济发展正面临着前所未有的压力。东莞是我国外向型经济的代表，东莞模式也一度是国内产业经济发展的经典模式，但是在当今的国际政治经济背景下，国家竞争日益激烈、产业转移加快速度，以外向型经济为主的城市或区域将面临前所未有的压力；加之国内疫情结束后，经济发展是地方工作的首要任务，国内各城市之间的经济竞争也日趋明显，城市或区域之间的经济发展竞争充分体现在对优质资源的争夺和获取上。东莞从 20 世纪 90 年代开始第一轮产业转型升级，发展到如今形成了以松山湖区域为代表的产业发展区域；也从曾经的"世界工厂"发展到现在提出围绕智能制造、数字经济等高端产业的全产业生态链、产业集群等的链条式发展、集群化发展模式。未来，东莞要完全实现产业转型，需要不断地加强创新驱动能力，提高产业链能级，提高城市综合竞争力和营商能力。

如今区域、城市尤其是产业基础良好的城市，对于产业的需求，不再是单一的企业招商而是对优质资源的争夺，包括优质企业、优势技术力量、高端人才、大量的资本等，是人才、资金、资源各种要素的综合竞争。区域和城市之间的角逐，不再是土地或政策优势之间的比拼，而是区域营商环境的综合竞争，优质、优越、良好的营商环境能为企业带来极大的生产便利；优质企业的需求也不再是一块可以兴建工厂的土地，而是高效便捷的服务、安心生产经营的营商环境及优质可获得的产业工人等。如何构建优质的营商环境，除了"软件"建设之外，"硬件"的功能与设施完善也非常重要。东莞通过"三抢"，即抢人才、抢服务、抢资金，通过加强提升城市竞争力及营商环境，从而实现东莞的发展，也不失为一条好的发展之路。抢人才，即通过降低城市入户标准、发放企业补贴等方式，吸引就业人口和入户人口。抢服务，即坚持企业至上的服务环境，保持东莞一贯的优良营商环境，对企业的需求及困难多调研多帮助，同时减少政府出台新政策对企业的重大影响，以此留住企业、吸引企业。抢资金，即加大融资力度，东莞目前各镇街和社区均有很大资产，且负债率偏低，通过增加城市负债水平，发债或多渠道融资以获取资金，进行相关投资及建设，从而拉动整个城市的消费和投资。通过扎实"三抢",而不是简单地抢企业从而激发城市活力,增强企业信心。"良禽择木而栖",好的企业会闻讯而来,进而变被动招商模式为主动招商模式。或许,这也是一种与众不同的方式,或许也能闯出一条不同的发展之路。

在本书的编写过程中特别感谢周源和田美蓉,两位为本书的编写付出了很多时间和精力,虽然未以著者出现,但没有他们就没有这本书的诞生;感谢华创联合的孙志勇、王春燕、李源锋、周欣、贺苗、张英贵、刘远东、郭少凤、钟天明、梁惠光,他们共同完成了本书相关内容的编写。

感谢华创联合公司这群怀揣梦想的年轻人,有情怀,有实力,有能力。相信华创联合公司能在产业园设计界中打出自身的品牌,成为更多产业园建设者优秀的设计合作伙伴,日益壮大,走出自己的一片天地。

最后,愿以此书敬盛世年华,迎产业园建设新时代。

汤　冰

2023 年 11 月于鲦鱼洲